中国留学回国就业蓝皮书

2022

教育部留学服务中心　编

中国言实出版社

图书在版编目（CIP）数据

中国留学回国就业蓝皮书．2022／教育部留学服务
中心编．－－北京：中国言实出版社，2023.3（2023.10重印）
ISBN 978-7-5171-4419-9

Ⅰ．①中… Ⅱ．①教… Ⅲ．①留学生－职业选择－研
究报告－中国－2022 Ⅳ．① G648.9 ② D669.2

中国国家版本馆 CIP 数据核字（2023）第 050475 号

中国留学回国就业蓝皮书2022

责任编辑：张　朕
责任校对：史会美

出版发行：中国言实出版社
　　　　　地　　址：北京市朝阳区北苑路180号加利大厦5号楼105室
　　　　　邮　　编：100101
　　　　　编辑部：北京市海淀区花园路6号院B座6层
　　　　　邮　　编：100088
　　　　　电　　话：010-64924853（总编室）010-64924716（发行部）
　　　　　网　　址：www.zgyscbs.cn　电子邮箱：zgyscbs@263.net

经　　销：新华书店
印　　刷：徐州绪权印刷有限公司
版　　次：2023年3月第1版　2023年10月第2次印刷
规　　格：710毫米×1000毫米　1/16　16印张
字　　数：160千字

定　　价：48.00元
书　　号：ISBN 978-7-5171-4419-9

前　言

　　2021年在新中国历史上极不平凡，是我国开启全面建设社会主义现代化国家、向第二个百年奋斗目标进军的新征程的开局之年，也是"十四五"规划的开局之年。面对新冠疫情、世界经济衰退等多重严重冲击，在以习近平同志为核心的党中央坚强领导下，全国上下共同努力，统筹疫情防控和经济社会发展，"十四五"实现良好开局。当今世界正经历百年未有之大变局，新一轮科技革命和产业变革深入发展，国际力量对比深刻调整，全球产业链、价值链和供应链发生深刻变革，国际产业分工体系和创新体系离不开紧密的国际人才合作。同时，创新能力不适应高质量发展要求，关键核心技术存在短板，构建以国内大循环为主体、国内国际双循环相互促进的新发展格局要求在坚持自立自强的同时，实施更加开放包容、互惠共享的国际合作，满足现代化经济体系建设对人才的需求。面对国际国内新形势，中国要在全球范围内吸引人才、留住人才、用好人才。

　　2021年9月，习近平总书记出席中央人才工作会议并发表重要讲话，指出"综合国力竞争说到底是人才竞争。人才是衡量一个国家综合国力的重要指标。国家发展靠人才，民族振兴靠人才。我们必须增强忧患意识，更加重视人才自主培养，加快建立人才资源竞争优势"。同时提出"要加强人才国际交流。要用好用活各类人才，对待急需紧缺的特殊人才，要有特殊政策，不要求全责备，不要论资排辈，不要都用一把尺子衡量，让有真才实学的人才英雄有用武之地。要建立以信任为基础的人才使用机制，允许失败、宽容失败，鼓励科技领军人才挂帅出征"。

我国留学工作在习近平新时代中国特色社会主义思想的指引下，全面贯彻落实中央人才工作会议精神，坚持以习近平总书记关于留学工作和留学人员系列重要指示、批示、回信精神为指导，继续坚持"聚天下英才而用之"的留学工作发展理念，全方位培养、引进、用好留学回国人才。当今世界科技进步日新月异，各国都在积极抢占科技、产业和人才的制高点。我们必须乘势而上，奋发有为，不断开拓和创新留学人员回国、为国服务方式，促进广大留学人员与国内同行的学术交流，不断增强我国科技创新能力，为我国攀登当代科学技术新高峰作出更大的贡献。

《中国留学回国就业蓝皮书》（以下简称蓝皮书）自推出十年来，得到了社会各方面的积极反馈和认可，对全社会了解掌握留学回国人员就业状况，对留学人员了解国家和各地人才就业政策、获取择业数据信息，对国内用人单位了解留学回国人员就业意愿等，起到了重要支持作用。教育部及国家相关部门对蓝皮书提供的信息和数据分析给予了充分肯定。这些肯定和认可，一直激励着我们把每一年度的蓝皮书做得更好。

今年的蓝皮书，立足于我国当前对高层次人才的强烈需求和对引进海外人才的重视，使用教育部留学服务中心2021年海外留学回国人员有关数据，以及留学回国人员就业情况专项调查数据，从留学回国人员的基本情况、就业情况、就业意愿等多个维度进行了系统分析。主要内容包括：一是利用教育部留学服务中心采集的留学回国人员数据，描述2021年留学回国人员的基本信息和海外留学经历，并结合2018—2020年的情况对主要信息进行时序分析。二是通过教育部留学服务中心向2021年回国就业人员发放调查问卷，详细调查留学回国就业人员基本特征、海外留学经历、就业现状、就业预期、受新冠疫情影响和创业意愿等方面情况，形成一份专项调查报告。三是对"国内主要城市引进留学归国人才政策总结"和"国内重点产业急需紧缺人才分析"两个专题报告的相关内容进行了更新和补充，以更好地服务于留学人员，为了解各地引进海外人才的政策规定和重点领域提供便利。四是围绕留学人才回国就业创业现状和遇到的问题专门走访调研了代表性高等院校、科研院所、实验室和企业，对留学人才回国就业创业过程中遇到的问题进行专题总结。

《中国留学回国就业蓝皮书》是教育部留学服务中心服务于留

学工作的一个重要成果，我们通过中国社会科学院专业团队的建设和科学的数据采集，不断完善《中国留学回国就业蓝皮书》的内容，谨借《中国留学回国就业蓝皮书2022》出版之际，衷心感谢参与撰写的团队专业严谨的数据采集和政策分析工作。

教育部留学服务中心

目　录

一、概述 ………………………………………………………… 1

（一）报告产生的背景 ………………………………………… 2

（二）报告内容和数据来源 …………………………………… 4

二、留学回国人员总体情况 …………………………………… 7

（一）留学回国人员的基本特征 ……………………………… 8

　　1. 性别比例 ………………………………………………… 8

　　2. 年龄分布 ………………………………………………… 9

（二）留学回国人员的留学经历 ……………………………… 10

　　1. 留学目的地 ……………………………………………… 10

　　2. 学位分布情况 …………………………………………… 12

　　3. 学科分布情况 …………………………………………… 15

三、留学回国人员就业状况分析 ……………………………… 21

（一）留学回国就业人员基本信息 …………………………… 22

　　1. 不同性别留学回国就业人员的年龄分布 ……………… 22

　　2. 民族 ……………………………………………………… 23

　　3. 不同学历留学回国人员的年龄分布 …………………… 24

4. 留学回国就业人员的出生地分布情况 ⋯⋯⋯⋯⋯ 27

（二）留学回国就业人员的学位、学历、学科和

专业情况 ⋯⋯⋯⋯⋯⋯⋯⋯⋯⋯⋯⋯⋯⋯⋯ 29

1. 学位/学历情况 ⋯⋯⋯⋯⋯⋯⋯⋯⋯⋯⋯⋯ 29

2. 学科分布情况 ⋯⋯⋯⋯⋯⋯⋯⋯⋯⋯⋯⋯ 31

（三）留学回国就业人员留学经历情况 ⋯⋯⋯⋯⋯ 37

1. 主要留学国家或地区 ⋯⋯⋯⋯⋯⋯⋯⋯⋯⋯ 37

2. 留学院校 ⋯⋯⋯⋯⋯⋯⋯⋯⋯⋯⋯⋯⋯⋯ 40

（四）留学回国人员的就业情况 ⋯⋯⋯⋯⋯⋯⋯⋯ 43

1. 工作地点 ⋯⋯⋯⋯⋯⋯⋯⋯⋯⋯⋯⋯⋯⋯ 43

2. 单位类型 ⋯⋯⋯⋯⋯⋯⋯⋯⋯⋯⋯⋯⋯⋯ 44

（五）主要变量的时序分析 ⋯⋯⋯⋯⋯⋯⋯⋯⋯⋯ 46

1. 认证人数和就业人数 ⋯⋯⋯⋯⋯⋯⋯⋯⋯⋯ 46

2. 留学回国就业人员主要特征的时序变化 ⋯⋯⋯ 46

四、留学人才回国就业状况调查报告 ⋯⋯⋯⋯⋯⋯⋯⋯ 51

（一）总体发现 ⋯⋯⋯⋯⋯⋯⋯⋯⋯⋯⋯⋯⋯⋯⋯ 52

（二）调查样本的描述 ⋯⋯⋯⋯⋯⋯⋯⋯⋯⋯⋯⋯ 54

（三）留学回国人才海外学习特征 ⋯⋯⋯⋯⋯⋯⋯ 55

1. 出国前最高学历状况 ⋯⋯⋯⋯⋯⋯⋯⋯⋯⋯ 55

2. 留学地点选择 ⋯⋯⋯⋯⋯⋯⋯⋯⋯⋯⋯⋯ 57

3. 海外学习时长与学习形式 ⋯⋯⋯⋯⋯⋯⋯⋯ 58

4. 就读学校与所获学位 ⋯⋯⋯⋯⋯⋯⋯⋯⋯⋯ 59

5. 费用支出 ⋯⋯⋯⋯⋯⋯⋯⋯⋯⋯⋯⋯⋯⋯ 61

（四）留学回国人才就业特征 ·········· 63

　　1. 回国原因 ·········· 63

　　2. 工作经历 ·········· 64

　　3. 当前工作状态 ·········· 66

　　4. 工作搜寻与工作转换 ·········· 67

　　5. 主要工作特征 ·········· 72

　　6. 户籍迁移 ·········· 80

　　7. 创业情况 ·········· 81

　　8. 收入状况 ·········· 83

（五）留学回国人才就业预期 ·········· 84

　　1. 期望工作地点 ·········· 84

　　2. 期望行业 ·········· 85

　　3. 期望单位类型 ·········· 86

　　4. 期望职位 ·········· 86

　　5. 期望薪酬水平 ·········· 87

　　6. 择业要素 ·········· 88

（六）疫情对留学回国人员回国意愿的影响 ·········· 88

（七）追踪调查情况 ·········· 89

（八）留学回国人才就业特征的年度变化 ·········· 91

五、留学人才海外就业状况调查报告 ·········· 93

（一）总体发现 ·········· 94

（二）调查样本描述 ·········· 96

（三）留学人员海外学习特征 ·········· 97

1.户口所在地与高考生源地 ·············· 98

2.出国前最高学历状况 ·············· 98

3.留学地点选择 ·············· 100

4.海外学习学科 ·············· 101

5.海外学习时长 ·············· 102

6.海外就读学校层次 ·············· 103

7.海外取得最高学位 ·············· 104

8.海外留学资金来源与费用支出情况 ·············· 105

9.疫情防控期间留学的主要学习形式 ·············· 106

10.留学人员海外就读就业状态 ·············· 106

（四）留学人员海外就业特征 ·············· 107

1.留学人员海外居留意愿及原因 ·············· 107

2.留学人员海外工作经历 ·············· 108

3.留学人员海外就业歧视 ·············· 111

4.留学人员海外工作搜寻时长 ·············· 111

5.主要工作特征 ·············· 112

6.创业情况 ·············· 120

7.当前工作状态与未在业原因 ·············· 121

8.收入状况 ·············· 123

（五）海外留学人才就业预期 ·············· 123

1.期望工作地点 ·············· 124

2.期望行业 ·············· 124

3.期望单位类型 ·············· 124

4.期望职位 …………………………………………… 126

5.期望薪酬水平 …………………………………… 126

6.择业要素 …………………………………………… 127

（六）侨情对海外留学人员的影响 …………………… 128

1.心理状况 …………………………………………… 128

2.工作所受影响 …………………………………… 129

3.生活所受影响 …………………………………… 129

4.海外工作生活主要困难与建议 ……………… 130

5.防疫态度 …………………………………………… 131

6.回国意愿 …………………………………………… 131

（七）追踪意愿 …………………………………………… 132

六、国内主要城市引进留学归国人才政策总结 ……… 133

（一）东部地区 …………………………………………… 134

1.北京 ………………………………………………… 134

2.天津 ………………………………………………… 136

3.石家庄 ……………………………………………… 136

4.大连 ………………………………………………… 137

5.上海 ………………………………………………… 138

6.杭州 ………………………………………………… 140

7.南京 ………………………………………………… 141

8.福州 ………………………………………………… 142

9.厦门 ………………………………………………… 143

10.青岛 ……………………………………………… 144

11.广州 ··· 145

12.深圳 ··· 146

13.海口 ··· 147

（二）中部地区和东北两省 ················· 148

1.太原 ··· 148

2.吉林 ··· 149

3.哈尔滨 ··· 150

4.合肥 ··· 151

5.南昌 ··· 152

6.郑州 ··· 153

7.武汉 ··· 154

8.长沙 ··· 155

（三）西部地区 ·································· 156

1.呼和浩特 ··· 156

2.南宁 ··· 157

3.重庆 ··· 158

4.成都 ··· 159

5.贵阳 ··· 160

6.昆明 ··· 161

7.拉萨 ··· 162

8.西安 ··· 162

9.兰州 ··· 163

10.西宁 ··· 164

11. 银川 ································· 164

12. 乌鲁木齐 ····························· 165

七、国内重点产业急需紧缺人才分析 ··········· 167

（一）战略性新兴产业 ····················· 169

1. 新一代信息技术 ···················· 170

2. 高端装备制造产业 ·················· 175

3. 新材料产业 ······················· 180

4. 生物产业 ························· 183

5. 新能源及节能环保产业 ············· 187

6. 数字创意与文化创意产业 ··········· 190

7. 相关服务业 ······················ 192

（二）其他重点产业 ····················· 194

1. 人力资源服务业 ··················· 195

2. 文旅产业 ························· 198

3. 特色农业 ························· 201

（三）急需紧缺人才状况比较 ·············· 211

1. 创新型人才重要性凸显 ············· 211

2. 产才融合背景下人才集聚效应显著 ··· 215

3. 支持留学人员创新创业力度加大 ····· 218

八、专题研究报告

留学人才回国就业创业现状、问题及建议 ········· 221

（一）留学人才回国就业创业面临的国际国内形势 ········ 222

1. 国际方面 ························· 222

2.国内方面 ·· 223

（二）留学人才回国就业创业现状 ···················· 224

1.用人单位引进留学人才情况 ···················· 224

2.新形势下留学人才回国就业创业意愿 ·········· 229

（三）留学人才回国就业创业面临的问题和挑战 ·········· 230

1.政府相关部门层面的问题和挑战 ·············· 230

2.市场主体层面的困难和挑战 ···················· 232

3.留学人才层面的困难和挑战 ···················· 234

（四）促进留学人才回国就业创业的政策建议 ·············· 237

1.围绕国家重大战略和高校建设推动引进高层次

留学人才 ·· 237

2.发展创新国家留学人才就业服务平台 ·········· 238

3.创新引进留学人才方式方法 ···················· 238

4.加大对留学人才引进的服务力度 ·············· 239

5.为留学回国人才提供有竞争力的待遇 ·········· 239

一、概述

（一）报告产生的背景

（二）报告内容和数据来源

（一）报告产生的背景

2013年以来，国家确立了"支持留学、鼓励回国、来去自由、发挥作用"的新时期留学工作方针。习近平总书记充分肯定了我国留学人员的作用与贡献，勉励留学人员为全面建设社会主义现代化国家贡献智慧与力量。出国留学人数和学成回国人数达到了新高峰，留学事业进入了新时代，年度学成回国人数/出国人数的比例一度突破85%。1978年至2019年期间，年度学成回国人数/出国人数的比例从最低年份的约8%，增长到现在的约83%。党的十八大以来，党中央、国务院持续推进高水平教育对外开放，始终注重教育开放的系统性、整体性和协同性，认真贯彻关于留学人员工作的方针政策，以更大规模、更有成效地培养留学人才。出国留学规模逐年攀升，留学回国人数也大幅增长，当代留学青年更加坚定留学报国的理想信念。新时代出国留学事业高质量发展，进一步加强国际化人才培养路径，从而形成鼓励出国留学与建设人才高地的良性循环。

出国留学规模稳步扩大，国家教育支出类出国留学教育项目的预算总额稳定增长。从出国留学人数总量来看，1978至2019年度，各类出国留学人员累计达656.06万人。其中，自费留学约占90%，国家公派和单位公派合计占10%左右。从教育部年度预算来看，出国留学项目的预算数不断增加，从2010年的160 147万元，到2020年的486456万元，10年间近320000万元预算支出的增长①。2020年教育支出出国留学教育款项相比2019年财政拨款执行数减少6409万元，主要是由于新冠疫情暴发后各国签证、航班等采取限制措施，部分留学人员赴境外就学受阻，进而导致派出规模减小。但教育部继续支持通过各类措施，缓解疫情影响下学生出国学习困难，国家不断提高对出国留学人员的重视程度和支持力度，充分体现了国家培养海外高层次人才的坚定目标。

留学回国人数持续攀升，国内创新创业环境不断优化。自1978年以来，累计有625.68万人出国留学，近500万人在完成学业后选择回国发展，占已完成学业群体的八成左右。其中党的十八大以来留学回国人数具有明显的增长趋势，约有341.34万人回国发展，占留学回国总人次的80%以上。从创新创业环境来看，国家着力为留学人员回国服务打造更加良好的环境，鼓励留学人员成为大众创业、万众创新的生力军。为加强国内创新创业环境和相关政策的实施，各部门积极协作配合，持续为留学人员回国发展和项目转化牵线搭桥。通过打造留学回国人员实习基地、创新线上服务模式、建立留学生创业园、建设留学人员交流平台等措施，为留学回国人员营造良好的环境和提供更好的资源。主动适应新形势，积极应对新冠肺炎疫情影响，支持留学人员回国服务，为中国当代出国留学事业的繁荣发展注入活力。

---

① http://www.moe.gov.cn/srcsite/A05/s7499/202006/t20200611_465019.html?from=singlemessage

（二）报告内容和数据来源

《中国留学回国就业蓝皮书2022》主要内容包括留学回国人员总体情况分析、留学回国人员就业状况分析、留学人才回国就业状况调查报告，以及留学人才海外就业状况调查报告。为充分展示我国各地区、新兴行业和重点行业对人才的急切需求，本书还补充了国内主要城市引进留学归国人才政策、国内重点产业急需紧缺人才分析。其中，留学回国人员总体情况分析以及留学回国人员就业状况分析主要通过教育部留学服务中心在信息脱敏后，利用大数据的采集和分析，从人员的基本信息、学历学科、留学经历和就业状况等方面，对我国留学回国人员的特征、人群组成及就业情况进行描述。留学人才回国就业状况调查报告和留学人才海外就业状况调查报告，是教育部留学服务中心为更加了解留学回国人员和海外留学人员的就业情况，通过专项设计的调查问卷进行收集和分析。从留学回国人员的海外经历、就业特征、就业预期以及新冠疫情的影响等角度，对受访者的基本信息、就业状况和意向等进行分析。

报告数据来源主要有两部分：留学回国人员总体情况和就业状况分析的数据，是来自中国教育部留学服务中心的2021年留学回国人员认证数据库和就业服务系统数据库，前者共有362559个样本，后者共有11088个样本；留学人才回国就业状况调查报告的分析数据，是由教育部留学服务中心组织，通过向留学回国人员发布调查问卷收集得到，发放并收回8866份问卷；留学人才海外就业状况调查报告的分析数据，是教育部留学服务中心组织以问卷的形式对身处海外的留学人员进行就业状况调查，发放并收回5100份问卷。

二、留学回国人员总体情况

（一）留学回国人员的基本特征

（二）留学回国人员的留学经历

本章分析使用数据来自教育部留学服务中心的认证系统数据库，该数据库中记录了2021年在教育部留学服务中心参与认证的留学回国人员的基本特征和留学经历情况，共有362559个有效样本。本章从留学回国人员的基本情况和留学经历两个方面对2021年留学回国人员的总体情况进行分析。

（一）留学回国人员的基本特征

1. 性别比例

图2-1中报告了2021年留学回国人员的性别分布情况。可以看出，留学回国人员女性的比例要高于男性，具体来说，女性占比为56.57%，男性占比为43.43%。

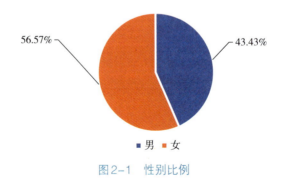

图2-1 性别比例

2. 年龄分布

图2-2中报告了2021年留学回国人员的年龄分布情况。可以看出，留学回国人员的年龄集中在20—30岁之间，20—25岁的人员最多，占比达到了51.61%；其次为26—30岁，占比为32.72%；其后为31—35岁，占比为10.02%；36—40岁和41岁及以上的占比较少，分别为3.41%和2.23%；20岁以下的占比最少，只有0.01%。

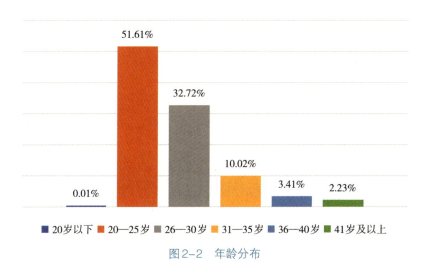

图2-2　年龄分布

图2-3中报告了分性别的留学回国人员年龄分布情况。可以看出，男性和女性的分布情况较为接近，分布在20—30岁的人数最多，男性的平均年龄为27.35岁，女性的平均年龄为26.45岁。且26岁之前女性的占比要高于男性，26—40岁时男性的占比高于女性，超过40岁后男性和女性的占比基本保持一致。

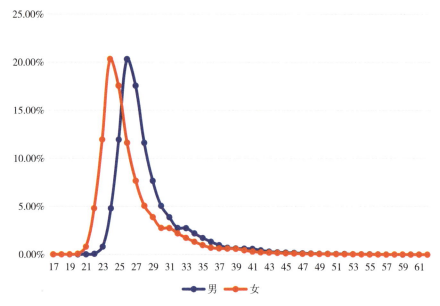

图2-3 不同性别留学回国人员的年龄分布情况

（二）留学回国人员的留学经历

2021年留学回国人员的留学目的地包括了亚洲、欧洲、非洲、南美洲、北美洲和大洋洲六个大洲的116个国家和地区；所学学科包括理学、管理学、经济学、工学、文学、艺术学、教育学、法学、医学、哲学、农学、历史学和军事学；学历层次包括博士、硕士和学士。下面具体介绍2021年留学回国人员的留学经历情况。

1. 留学目的地

图2-4中报告了2021年留学回国人员的主要留学目的地情况，

可以看出，欧美地区是我国留学回国人员的主要留学目的地，在欧洲留学的留学回国人员占比最多，达到了36.79%；接下来是北美洲和亚洲，占比分别是24.63%和23.03%；来自大洋洲的留学回国人员占比较少，为15.44%。从非洲和南美洲留学回国的人员最少，占比分别是0.06%和0.03%。

图2-4　留学回国人员的留学目的地

具体而言，2021年留学回国人员的留学地点包括116个国家和地区，以及我国的香港特别行政区、澳门特别行政区和台湾省。图2-5报告了占比超过1%的留学回国人员的主要留学国家和地区情况，可以看出英国、美国、澳大利亚、加拿大、韩国、日本、法国、新加坡、德国、俄罗斯以及中国香港特别行政区、中国澳门特别行政区是留学回国人员的主要留学地，来自以上12个国家或港澳特别行政区的留学回国人员占总人数的92.2%。

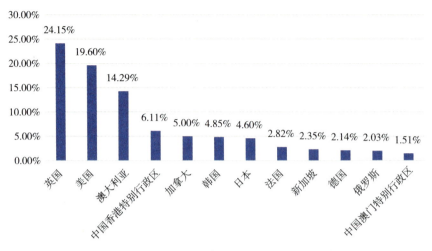

图2-5　留学回国人员的主要留学国家和地区情况

同时可以发现，英国是最热门的留学国家，24.15%的留学认证人员在英国留学。美国和澳大利亚次之，占比分别为19.60%和14.29%，来自这三个国家的留学回国人员占比接近60%，为58.04%，相较2020年降低4%。

2. 学位分布情况

2021年留学回国人员在海外攻读包括博士学位、硕士学位、学士学位和高等教育文凭4类，图2-6中报告了留学回国人员的学位构成情况，可以看出，有60.4%的留学回国人员在海外获得了硕士学位（相较2020年降低约2%），33.42%的人员获得了学士学位（相较2020年增加了约2%），获得博士学位的只有4.84%（相较2020年增加约0.5%），大部分留学回国人员具有硕士学位。

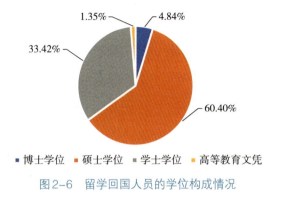

图2-6 留学回国人员的学位构成情况

　　进一步分析不同学位组的留学回国人员主要留学国家分布，从表2-1可以看出，在具有博士学位的留学回国人员中，从亚洲获得博士学位的人员占比最多，有38.8%。从欧洲和北美洲获取博士学位人员占比次之，分别为29.4%和26.3%，从南美洲和非洲获得博士学位的人员占比最少，只有0.05%和0.07%。具有硕士学位的留学回国人员中从欧洲获得硕士学位的人员占比最多，为44.6%，相比2020年增加约20%，从亚洲获得硕士学位的人员占比为20.7%，从北美洲获得硕士学位的人员占比为19.2%，相比2020年降低约15%。具有学士学位的留学回国人员中从北美洲回国的人员占比最多，达到了33.8%，从欧洲、亚洲和大洋洲获得学士学位的人员占比分别为24.8%、24.7%和16.6%。以上结果显示，无论攻读什么层次的学位，欧洲、北美洲都是我国留学人员的主要目的地。

表2–1　不同学位组的留学回国人员主要留学大洲分布

	亚洲	南美洲	北美洲	欧洲	非洲	大洋洲
博士学位	38.80%	0.05%	26.30%	29.40%	0.07%	5.37%
硕士学位	20.70%	0.02%	19.20%	44.60%	0.03%	15.50%
学士学位	24.70%	0.03%	33.80%	24.80%	0.09%	16.60%
高等教育文凭	32.30%	0.10%	38.80%	11.40%	0.23%	17.10%

　　表2–2中报告了不同学位组的留学回国人员主要留学国家或地区分布，在具有博士学位的人员中，从美国获得博士学位的人员占比最多，为23.74%，其次是韩国和中国香港，占比分别是11.44%和9.38%。在具有硕士学位的人员中，从英国获得学位的人员占比最高，有30.78%，从美国和澳大利亚获得学位的人员占比次之，分别是17.12%和14.89%。在具有学士学位的人员中，从美国获得学位的人员占比最高，有24.08%，从英国和澳大利亚获得学位的人员占比次之，分别是15.39%和14.66%。以上结果显示，美国、英国和澳大利亚在不同学位组的留学回国人员中都是主要留学目的地国。同2020年相比，变化较大的是博士学位组，从韩国获得博士学位的人数明显增加，相比2020年增加约3%（2020年为8%）。

表2-2 不同学位组的留学回国人员主要留学国家或地区分布

博士学位组		硕士学位组		学士学位组	
国家或地区	占比（%）	国家或地区	占比（%）	国家或地区	占比（%）
美国	23.74	英国	30.78	美国	24.08
韩国	11.44	美国	17.12	英国	15.39
中国香港	9.38	澳大利亚	14.89	澳大利亚	14.66
英国	8.26	中国香港	8.15	加拿大	9.66
日本	7.76	日本	3.92	韩国	7.85
德国	5.26	法国	3.42	日本	5.04
澳大利亚	4.79	韩国	2.74	俄罗斯	2.42
法国	4.13	德国	2.33	中国香港	2.21
中国澳门	2.97	新加坡	2.09	泰国	2.18
新加坡	2.83	加拿大	2.02	新加坡	2.17
荷兰	2.49	俄罗斯	1.78	中国澳门	2.10
加拿大	2.47	西班牙	1.58	新西兰	1.95
俄罗斯	2.45	意大利	1.15	法国	1.54
菲律宾	1.25	中国澳门	1.11	德国	1.44
泰国	1.15	马来西亚	0.95	意大利	1.29

3. 学科分布情况

留学回国人员在海外学习的学科包括理学、管理学、经济学、工学、文学、艺术学、教育学、法学、医学、哲学、农学、历史学和军事学等12个学科。图2-7中报告了学科分布的基本情况。

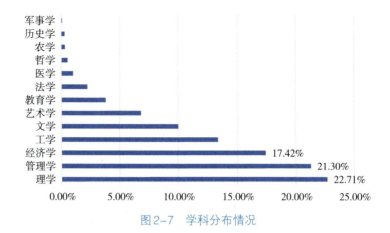

图2-7 学科分布情况

从图2-7的结果可以看出，留学回国人员占比最多的三个学科分别为理学、管理学和经济学，占比分别为22.71%、21.30%和17.42%，学习军事学和历史学的人员占比最少，分别为0.02%和0.3%。同2020年相比，留学回国人员所学学科情况几乎没有变化。

从区分获得学位的学科分布情况可以看出（图2-8），拥有博士学位的留学回国人员中，学习工学和理学的人数最多，占比分别是33.09%和23.53%，学习历史学和农学的人数较少，占比分别是0.75%和1.71%，同2020年相比情况变化不大。

从图2-9中可以看出，具有硕士学位的留学回国人员学习理学、管理学和经济学的人数较多，占比分别是25.82%、21.47%和14.08%，学习历史学、农学和军事学的人数占比较少，占比分别为0.29%、0.23%和0.02%，同2020年相比情况变化不大。

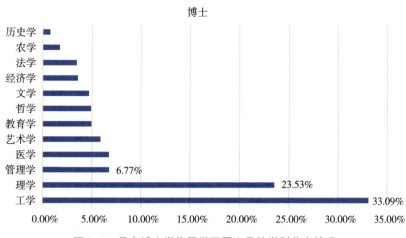

图2-8　具有博士学位留学回国人员的学科分布情况

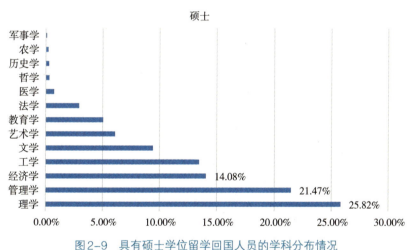

图2-9　具有硕士学位留学回国人员的学科分布情况

　　结合图2-8和图2-9的结果可以发现，具有研究生及以上学历的海外留学回国人员中，学习理工科（理学和工学）和经济管理学科（经济学和管理学）的人数较多。

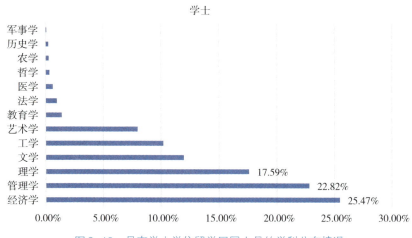

图2-10　具有学士学位留学回国人员的学科分布情况

从图2-10的结果可以看出，具有学士学位的留学回国人员学习经济学、管理学和理学的人数较多，占比分别为25.47%、22.82%和17.59%，学习军事学、历史学和农学的人数较少，占比只有0.01%、0.26%和0.29%。

经过对2021年教育部留学服务中心回国留学人员认证数据库的分析得出以下主要结论：

第一，留学回国人员女性占比高于男性。2021年女性留学回国人员占达到了55%。

第二，我国留学回国人员的主要留学目的地是欧洲和北美洲，主要留学国家是英国、美国和澳大利亚。从欧洲、北美洲留学回国的人员占比超过了60%（为61.24%，同2020年相比降低了2%），从英国、美国和澳大利亚回国的留学人员超过了55%（为58.04%，相较2020年降低约5%）。

第三，具有硕士学位的留学回国人员的主要留学目的地产生了很大的变化。从欧洲获得硕士学位的人员相比2020年增加约20%，从北美洲获得硕士学位的人员相比2020年降低约15%。

第四，攻读硕士学位是留学回国人员的主要选择。60.4%的留学回国人员拥有硕士学位（相较2020年降低约2%）、33.42%的人员拥有学士学位（相较2020年降低约2%），拥有博士学位的留学回国人员占比只有4.84%（相较2020年增加约0.5%）。

第五，留学回国人员主要在海外学习理学、管理学、经济学和工学相关专业。

三、留学回国人员就业状况分析

（一）留学回国就业人员基本信息

（二）留学回国就业人员的学位、学历、学科和专业情况

（三）留学回国就业人员留学经历情况

（四）留学回国人员的就业情况

（五）主要变量的时序分析

　　本章分析使用数据主要来自2021年教育部留学服务中心的就业服务系统数据库，该数据库中记录了2021年在教育部留学服务中心登记就业的留学回国人员，共有11088个样本，同第二章相比，本章聚焦于2021年在教育部留学服务中心登记就业留学回国人员的基本特征、学历专业、学科背景、就业情况等方面对我国留学回国就业人员的组成、特点和就业现状等进行分析。在基本特征方面，主要分析了留学回国人员的性别、年龄、民族和出生地分布等情况；在学历专业方面，主要分析了留学回国就业人员的学历、学科和专业分布等；在留学经历方面，主要分析了留学回国人员的留学国家或地区以及留学院校；在就业状况方面，主要分析了留学回国就业人员的工作地情况和就业类型情况等。此外，本章还对一些重要变量的变化进行了时序分析。

（一）留学回国就业人员基本信息

1. 不同性别留学回国就业人员的年龄分布

　　图3-1是不同性别留学回国就业人员的年龄分布。从不同性别留学回国就业人员的年龄分布来看，男性和女性年龄在24—28岁的比例最多，且留学回国就业人员男性的平均年龄大于女性，分别为28岁和26.83岁。从图中可以发现，留学回国就业人员中，26岁及以下女性的比例高于男性，而27岁以上男性的比例高于女性。

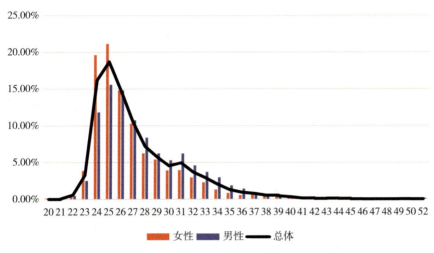

图3-1　不同性别留学回国人员的年龄分布

2. 民族

表3-1是2021年留学回国就业人员的民族情况，可以看出93.4%的留学回国就业人员是汉族，占比较多的少数民族分别是满族（2.25%）、回族（1.5%）和蒙古族（0.86%）。

表3-1　留学回国就业人员的民族情况

民族	占比（%）	民族	占比（%）
汉	93.4	藏	0.05
满	2.25	仡佬	0.03
回	1.5	达斡尔	0.03
蒙古	0.86	傣	0.02
土家	0.41	畲	0.02
壮	0.35	维吾尔	0.02
朝鲜	0.26	仫佬	0.01

续表

民族	占比（%）	民族	占比（%）
苗	0.17	其他	0.01
侗	0.13	布朗	0.01
彝	0.12	景颇	0.01
白	0.09	毛南	0.01
瑶	0.08	穿青人	0.01
锡伯	0.07	羌	0.01
布依	0.05	黎	0.01
纳西	0.05		

3. 不同学历留学回国人员的年龄分布

图3-2是不同学历留学回国人员的年龄分布。具体来看，拥有本科和硕士研究生学历的留学回国人员的年龄分布相似，但硕士研究生的年龄分布相较本科的更为集中，博士研究生的年龄分布则较分散，且更右偏，表明博士研究生的年龄更大；其中，本科、硕士研究生和博士研究生留学回国就业人员的平均年龄分别是26.04岁、26.45岁和32.28岁。

图3-3、图3-4和图3-5分别是具有博士、硕士和学士学位的留学回国就业人员分性别的年龄分布情况。具体来看，具有博士学位的留学回国就业人员中，男性和女性的年龄分布相似，男性的分布相较女性更加右偏，男性年龄峰值在32岁左右，女性峰值在30岁左右，平均年龄为男性32.59岁，女性31.81岁；在硕士学位人群中，27岁以下女性占比高于男性，27岁以上男性高于女性，

男性、女性的平均年龄分别为26.79岁、26.22岁；在学士学位人群中，男性和女性的分布情况相似，在24岁之前男性比例高于女性，大于24岁后男性和女性的比例基本相同，男性和女性的平均年龄分别为26.09岁、25.98岁。

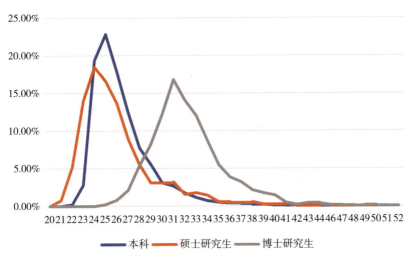

图3-2　不同学历留学回国人员的年龄分布

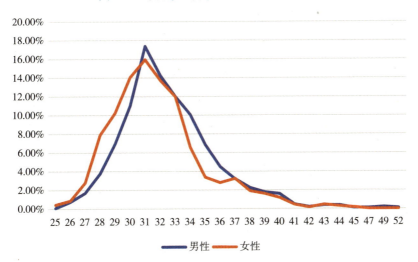

图3-3　具有博士学位的不同性别留学回国就业人员年龄分布

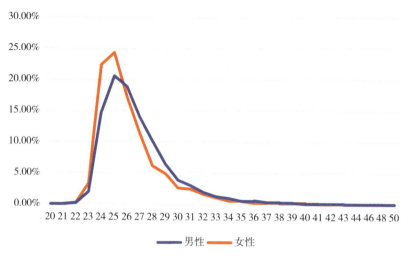

图3-4　具有硕士学位的不同性别留学回国就业人员年龄分布

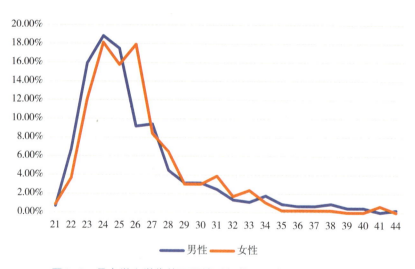

图3-5　具有学士学位的不同性别留学回国就业人员年龄分布

4. 留学回国就业人员的出生地分布情况

图3-6是留学回国就业人员的出生地分布情况。可以看出，出生地为北京、山东和山西的留学回国就业人员占比最多（分别为22.77%、11.98%和9.1%），来自海南、上海和西藏的人数最少（占比分别是0.16%、0.14%和0.01%）。

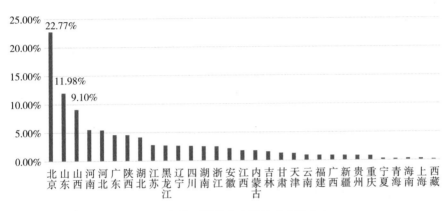

图3-6　留学回国就业人员的出生地分布

图3-7报告了出生于部分省份留学回国人员的性别分布情况。总体来看各个省份中男性的占比约为40%，女性占比约为60%。分性别来看，出生地在上海的男性留学回国人员最多，占比达到了66.57%。出生地在海南、江西、四川、湖北、甘肃、山东、河南、陕西、福建的男性留学回国人员占比接近，均在48%左右；女性留学回国人员占比最多的省份是青海，占比为70.37%；其次是云南和广西，占比分别是66.67%和66%。

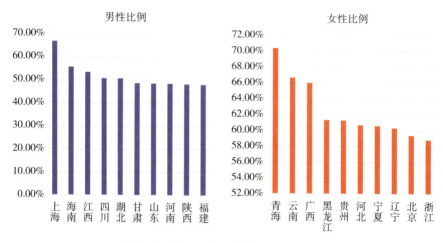

图3-7 不同出生地留学回国就业人员的性别分布

　　图3-8是不同学历留学回国就业人员的出生地分布情况。总体来看，人数占比最多是北京市，具有学士、硕士和博士学位的留学回国就业人员分别有22.66%、25.99%、7.55%来自北京市，其次是山东省和山西省。具体来看，具有学士学位的留学回国就业人员比例最多的是北京市、山东省和山西省，占比分别是22.66%、14.36%和9.24%。在具有硕士学位的人群中，来自北京市、山东省和山西省的最多，占比分别为25.99%、10.51%、9.89%。在具有博士学位的人群中，来自山东省、北京市和河南省，占比分别是17.5%、7.55%和7.26%。

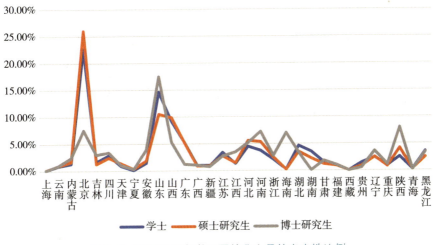

图3-8 不同学历留学回国就业人员的出生地比例

（二）留学回国就业人员的学位、学历、学科和专业情况

1. 学位/学历情况

图3-9报告了留学回国人员的学历构成情况，从图的结果中可知，留学回国人员中大多数具有硕士学位（76.04%）、其次是博士学位（15.77%），平均每6名回国就业的留学人员，就有一位具有博士学位。分性别的结果显示，男博士的数量超过女博士（分别为21.84%和11.01%）。

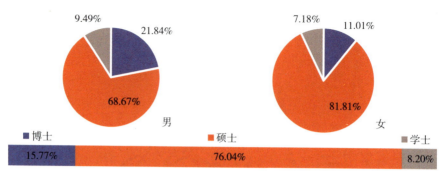

图3-9　不同性别留学回国就业人员的性别分布情况

　　进一步分析具有不同学位组留学回国就业人员的留学目的地，表3-2中报告了不同学位组回国就业留学人员的留学国家分布情况。可以发现，拥有博士学位的回国就业人员中，30.15%的在美国获得博士学位，其次是日本（8.87%）、韩国（8.18%）和英国（7.89%）。在硕士学位组中，主要获取学位的国家或地区是英国（37.51%）、其次是美国（19.37%）、澳大利亚（16.07%）和中国香港（7.04%）。学士学位回国就业人数较少，主要留学地为美国（20.02%）、加拿大（13.09%）、英国（12.65%）和韩国（12.10%）。

表3-2　不同学位组的回国就业人员留学国家分布（占比前十的国家）

博士学位组		硕士学位组		学士学位组	
国家或地区	占比	国家或地区	占比	国家或地区	占比
美国	30.15%	英国	37.51%	美国	20.02%
日本	8.87%	美国	19.37%	加拿大	13.09%
韩国	8.18%	澳大利亚	16.07%	英国	12.65%
英国	7.89%	中国香港	7.04%	韩国	12.10%

续表

博士学位组		硕士学位组		学士学位组	
国家或地区	占比	国家或地区	占比	国家或地区	占比
德国	6.64%	德国	2.38%	澳大利亚	11.44%
中国香港	5.95%	日本	2.28%	俄罗斯	5.06%
澳大利亚	4.81%	俄罗斯	2.03%	日本	3.96%
新加坡	4.35%	加拿大	1.91%	泰国	2.97%
加拿大	4.06%	法国	1.83%	中国澳门	2.86%
法国	3.43%	韩国	1.80%	新西兰	2.86%

2. 学科分布情况

图3-10报告了留学回国人员的学科分布情况，可以发现，留学回国就业人员的学科方向涉及了绝大多数学科类别，理学是留学回国就业人员人数最多的方向，占28.08%，其次是管理学（18.36%）、工学（17.84%）和经济学（16.35%）。

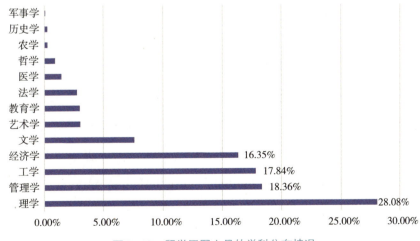

图3-10 留学回国人员的学科分布情况

图3-11报告了留学回国人员按照学位分组的学科分布情况，对比分析博士和硕士分组可以发现，具有博士学位的回国就业人员中，工学和理学的人数最多，分别有36.57%和26.67%，其次是医学（6.02%）和经济学（5.09%）。具有硕士学位的留学回国就业人员学科分布最多的是理学和管理学，分别占29.57%和20.57%，其次是经济学（17.69%）和工学（14.51%）。

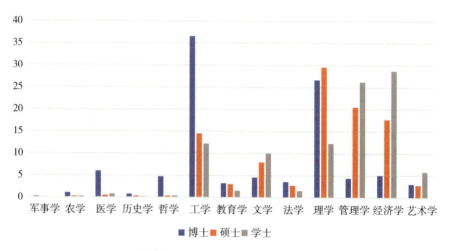

图3-11 留学回国人员按照学位分组的学科分布情况

继续分析不同学科的留学回国就业人员的留学国家，可以发现在大多数的学科中，英国都占有较高的毕业生比例，在理学（45.39%）、教育学（34.69%）、文学（35.4%）和管理学（32.44%）中占比高。美国则是农学（40.91%）、法学（31.8%）、哲学（28.19%）和工学（25.79%）毕业生所占比例较高。

表3-3　留学回国人员按学科分组的留学国家或地区分布

艺术学		经济学		管理学	
国家或地区	比例（%）	国家或地区	比例（%）	国家或地区	比例（%）
美国	24.55	英国	29.58	英国	32.44
英国	23.95	澳大利亚	27.81	澳大利亚	19.94
澳大利亚	9.58	美国	19.61	美国	18.93
韩国	9.38	加拿大	3.17	韩国	4.26
意大利	7.19	德国	2.57	法国	3.18
俄罗斯	5.59	韩国	2.57	加拿大	3.01
日本	3.99	日本	2.38	中国香港	2.4
德国	2.2	中国香港	2.23	中国澳门	2.16
白俄罗斯	2.2	俄罗斯	1.66	泰国	1.99
理学		法学		文学	
国家或地区	比例（%）	国家或地区	比例（%）	国家或地区	比例（%）
英国	45.39	美国	31.8	英国	35.4
美国	30.55	英国	23.9	中国香港	15.17
中国香港	7.03	中国香港	9.21	美国	10.69
德国	3.04	澳大利亚	5.92	澳大利亚	7.75
澳大利亚	3.04	日本	5.7	俄罗斯	4.81
新加坡	1.99	中国澳门	5.26	日本	4.49
加拿大	1.9	德国	3.51	韩国	4.16
荷兰	0.99	俄罗斯	3.29	西班牙	3.18
法国	0.88	韩国	2.41	德国	2.94

续表

教育学		工学		哲学	
国家或地区	比例（%）	国家或地区	比例（%）	国家或地区	比例（%）
英国	34.69	美国	25.79	美国	28.19
美国	20.08	澳大利亚	21.88	英国	13.42
中国香港	8.92	英国	14.29	中国香港	10.74
澳大利亚	8.52	日本	5.84	中国澳门	9.4
韩国	7.71	加拿大	4.88	德国	7.38
俄罗斯	3.65	中国香港	4.02	日本	4.7
日本	3.65	法国	3.88	澳大利亚	3.36
加拿大	3.04	德国	3.85	荷兰	3.36
西班牙	2.03	新加坡	3.47	韩国	3.36
历史学		医学		农学	
国家或地区	比例（%）	国家或地区	比例（%）	国家或地区	比例（%）
英国	28.57	美国	20.43	德国	2.27
日本	19.05	中国香港	12.34	意大利	2.27
美国	14.29	日本	12.34	日本	18.18
伊朗	4.76	澳大利亚	11.91	比利时	2.27
加拿大	4.76	德国	11.49	波兰	2.27
德国	4.76	英国	10.21	澳大利亚	11.36
中国澳门	2.38	韩国	4.68	美国	40.91
中国香港	2.38	新加坡	3.4	芬兰	2.27
俄罗斯	2.38	西班牙	2.13	荷兰	11.36

　　进一步分析具有博士学位的留学回国就业人员按学科的留学国家分布（表3-4），可以看出，具有博士学位的高端人才中，主要就

读于美国院校，美国毕业的人数占有绝对优势，在经济学、理学、法学、工学等学科中，从美国获得博士学位的人数较之占比第二的国家多一倍。此外从韩国毕业的艺术学和教育学博士占比较多，从日本毕业的文学和历史学博士较多。

表3-4 留学回国人员按学科分组的留学国家或地区分布（具有博士学位人员）

艺术学		经济学		管理学	
国家或地区	比例（%）	国家或地区	比例（%）	国家或地区	比例（%）
韩国	29.11	美国	58.02	美国	26.55
美国	21.52	英国	7.63	韩国	14.16
俄罗斯	16.46	荷兰	4.58	英国	13.27
日本	6.33	新加坡	3.82	中国香港	7.08
德国	5.06	法国	3.82	新加坡	7.08
中国澳门	3.8	韩国	3.82	菲律宾	6.19
意大利	2.53	日本	3.05	中国澳门	4.42
波兰	2.53	瑞士	2.29	加拿大	3.54
理学		法学		文学	
国家或地区	比例（%）	国家或地区	比例（%）	国家或地区	比例（%）
美国	44.9	美国	41.94	日本	16.95
德国	10.64	德国	11.83	韩国	11.02
英国	6.56	英国	8.6	美国	10.17
加拿大	4.66	中国香港	7.53	西班牙	10.17
韩国	3.79	日本	7.53	法国	8.47
日本	3.64	中国澳门	4.3	英国	8.47
澳大利亚	3.64	俄罗斯	4.3	俄罗斯	7.63
中国香港	3.5	比利时	3.23	中国香港	6.78

续表

教育学		工学		哲学	
国家或地区	比例（%）	国家或地区	比例（%）	国家或地区	比例（%）
韩国	29.76	美国	30.68	中国澳门	10.57
美国	27.38	英国	11.57	中国香港	9.76
英国	8.33	日本	9.13	丹麦	0.81
日本	5.95	新加坡	7.43	俄罗斯	0.81
中国香港	4.76	中国香港	6.58	印度	0.81
新西兰	4.76	澳大利亚	6.58	埃及	0.81
菲律宾	4.76	加拿大	6.48	德国	7.32
乌克兰	2.38	法国	4.78	意大利	0.81
历史学		医学		农学	
国家或地区	比例（%）	国家或地区	比例（%）	国家或地区	比例（%）
日本	28.57	美国	26.45	美国	46.43
美国	19.05	德国	17.42	日本	25
英国	19.05	日本	14.84	韩国	10.71
德国	9.52	中国香港	14.19	荷兰	7.14
中国澳门	4.76	韩国	5.81	德国	3.57
俄罗斯	4.76	英国	3.87	比利时	3.57
澳大利亚	4.76	瑞典	2.58	芬兰	3.57
爱尔兰	4.76	加拿大	1.94		

（三）留学回国就业人员留学经历情况

1. 主要留学国家或地区

留学回国就业人员的留学地点包括6个大洲、57个国家和地区，以及我国香港、澳门两个特别行政区。图3-12是留学回国就业人员留学地区分布情况。可以看出，有42.43%的留学回国就业人员在欧洲留学，占比最高；其次是北美洲，占比为24.31%；然后是亚洲，占比为18.63%；从非洲和南美洲留学回国的就业人员，占比分别是0.04%和0.02%。

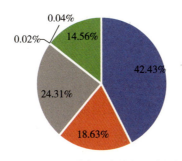

图3-12 留学回国就业人员留学地区分布情况

进一步分析留学回国就业人员的留学国家或地区情况，图3-13的结果显示，英国、美国、澳大利亚、中国香港、韩国、日本、加拿大、德国、俄罗斯、法国、新加坡和中国澳门等国家和地区是留学回国就业人员的主要留学目的地，来自上述国家或者地区的留学归国人员占总人数的93.02%。

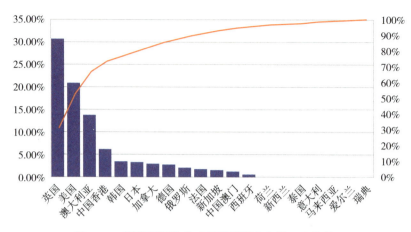

图3-13　留学回国就业人员留学国家和地区分布情况

英国是最热门的留学目的地，30.77%的留学回国就业人员在英国进行留学，其次是美国（21.1%）和澳大利亚（13.89%），来自这三个国家的留学归国人员占到总人数的65.76%（相较2020年降低3.94%）。

以下是主要留学国家留学回国就业人员的主要特征。

英国：从英国留学回国的留学人员占比最高，达到了30.77%。毕业于英国的留学回国人员中，拥有博士学位的占4.05%（N=138）、硕士学位占92.58%（N=3158）、学士学位或其他占3.37%（N=115）。从留学回国人员所学的学科分布来看，学习理学的人员最多，为38.58%（N=1316）；其次为管理学（19.23%，N=656）、经济学（15.03%，N=676）和文学（17.53%，N=598）。

在英国留学的回国人员的就读院校有122所，就读人数超过总人数1%的院校包括格拉斯哥大学、谢菲尔德大学、伯明翰大学、曼彻斯特大学、南安普顿大学、利兹大学、伦敦大学学院、华威大学、卡迪夫大学、诺丁汉大学、布里斯托大学、爱丁堡大学、莱斯特大学、利物浦大学、伦敦国王学院、杜伦大学、纽卡斯尔大学、约克大学、拉夫堡大学、伦敦玛丽女王大学、帝国理工学院、埃克斯特大学、萨塞克斯大学、伦敦政治经济学院、考文垂大学、邓迪大学、巴斯大学、兰卡斯特大学、东安格利亚大学、斯特拉斯克莱德大学等。

美国：毕业于美国的留学回国人员比例占总人数的21.1%，其中22.53%（N=527）的人员获得博士学位，69.65%（N=1629）的人员具有硕士学位，7.82%（N=183）的人员具有学士学位或者其他。从学科分布来看，留美回国人员的学科专业以理工科为主，超过50%的留美回国人员在美国学习理工科相关专业（理学34.93%、工学19.88%），其次是管理学（15.05%）、经济学（14.24%）和艺术学（3.46%）。

留美回国人员的毕业院校分散在全美的356所高等院校中，占比超过总留美人数1%的院校有：哥伦比亚大学、约翰霍普金斯大学、南加利福尼亚大学、波士顿大学、纽约大学、东北大学、伊利诺伊大学香槟分校、圣路易斯华盛顿大学、锡拉丘兹大学、乔治华盛顿大学、得克萨斯农工大学、马里兰大学帕克分校、密歇根大学、宾夕法尼亚大学、罗格斯新泽西州立大学、亚利桑那州立大学、福特汉姆大学、史蒂文斯理工学院、芝加哥大学、加利福尼亚大学圣地亚哥分校、康奈尔大学、凯斯西储大学、加利福尼亚大学洛杉矶分校。

澳大利亚：从澳大利亚院校毕业的回国留学人员占总人数的

13.89%，其中具有博士学的人数比例为5.45%、硕士学位人数比例为87.79%。从学科分布来看，从澳大利亚留学的回国人员主要学习学科为经济学（33.7%）、工学（24.87%）、管理学（24.68%）和理学（5.45%）。

毕业于澳大利亚的留学回国人员就读院校集中在37所院校中，毕业人数占比超过1%的院校包括悉尼大学、新南威尔士大学、莫纳什大学、墨尔本大学、昆士兰大学、澳大利亚国立大学、悉尼科技大学、皇家墨尔本理工大学、麦考瑞大学、阿德雷德大学、伍伦贡大学、迪肯大学、西澳大利亚大学。

2. 留学院校

总体来说，留学回国就业人员毕业院校分布于1368所高等院校，表3-5中报告了留学回国人数比例较高的前50所院校，其中有23所英国大学，9所澳大利亚大学，8所美国大学，6所中国香港大学，2所中国澳门大学和2所新加坡大学。毕业人数最多的前10所院校分别是悉尼大学、新南威尔士大学、格拉斯哥大学、谢菲尔德大学、伯明翰大学、曼彻斯特大学、莫纳什大学、墨尔本大学、昆士兰大学和南安普顿大学。

表3-5　留学回国就业人数比例较高的50所院校名单

排名	院校	国家	人数	占比（%）
1	悉尼大学	澳大利亚	276	2.49
2	新南威尔士大学	澳大利亚	238	2.15
3	格拉斯哥大学	英国	210	1.89

续表

排名	院校	国家	人数	占比（%）
4	谢菲尔德大学	英国	207	1.87
5	伯明翰大学	英国	199	1.79
6	曼彻斯特大学	英国	192	1.73
7	莫纳什大学	澳大利亚	179	1.61
8	墨尔本大学	澳大利亚	176	1.59
9	昆士兰大学	澳大利亚	160	1.44
10	南安普顿大学	英国	157	1.42
11	香港城市大学	中国香港	153	1.38
12	利兹大学	英国	147	1.33
13	香港中文大学	中国香港	144	1.3
14	伦敦大学学院	英国	134	1.21
15	哥伦比亚大学	美国	125	1.13
16	华威大学	英国	122	1.1
17	卡迪夫大学	英国	118	1.06
18	诺丁汉大学	英国	112	1.01
19	布里斯托大学	英国	105	0.95
20	爱丁堡大学	英国	105	0.95
21	香港理工大学	中国香港	103	0.93
22	莱斯特大学	英国	98	0.88
23	澳大利亚国立大学	澳大利亚	95	0.86
24	新加坡国立大学	新加坡	94	0.85
25	利物浦大学	英国	93	0.84
26	澳门科技大学	中国澳门	92	0.83

续表

排名	院校	国家	人数	占比（%）
27	伦敦国王学院	英国	89	0.8
28	香港大学	中国香港	89	0.8
29	纽卡斯尔大学	英国	88	0.79
30	东北大学	美国	87	0.78
31	香港浸会大学	中国香港	87	0.78
32	约翰霍普金斯大学	美国	85	0.77
33	约克大学	美国	84	0.76
34	南加利福尼亚大学	美国	78	0.7
35	波士顿大学	美国	76	0.69
36	纽约大学	美国	76	0.69
37	悉尼科技大学	澳大利亚	75	0.68
38	杜伦大学	英国	75	0.68
39	香港科技大学	中国香港	72	0.65
40	拉夫堡大学	英国	70	0.63
41	南洋理工大学	新加坡	68	0.61
42	伦敦玛丽女王大学	英国	57	0.51
43	伊利诺伊大学香槟分校	美国	55	0.5
44	帝国理工学院	英国	54	0.49
45	皇家墨尔本理工大学	澳大利亚	52	0.47
46	埃克斯特大学	英国	48	0.43
47	萨塞克斯大学	英国	48	0.43
48	澳门大学	中国澳门	46	0.41
49	麦考瑞大学	澳大利亚	45	0.41
50	伦敦政治经济学院	英国	44	0.4

（四）留学回国人员的就业情况

1. 工作地点

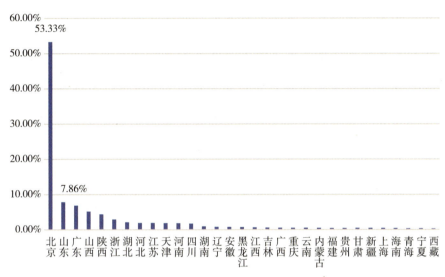

图3-14　留学回国就业人员工作地分布情况

图3-14中报告了留学回国人员在国内的工作地分布情况。从省份来看，留学回国就业人员的主要工作地集中在北京，占比超过了50%，其他占比较多的省份为山东、广东和山西，占比分别为7.86%、6.82%和5.15%，主要集中在经济较为发达的东部和中部的地区。占比较少的省份有青海（0.07%）、宁夏（0.07%）和西藏（0.03%），主要集中在经济较不发达的西部地区。

2.单位类型

图3-17中报告了留学回国就业人员的工作单位性质分布情况，可以发现在国有企业（包括央企、北京市属国企和非北京市属国企三类）工作的留学回国人员最多，占比达到了49.94%，工作在事业单位（包括高等院校、科研院所和其他事业单位三类）的人数占比为31.33%。工作在民营经济单位（包括民营企业、民办非企业两类）的留学回国人员占比为8.61%。其他占比较高的单位分别是外资企业（3.22%）、会计师事务所（1.12%）和律师事务所（0.43%）。

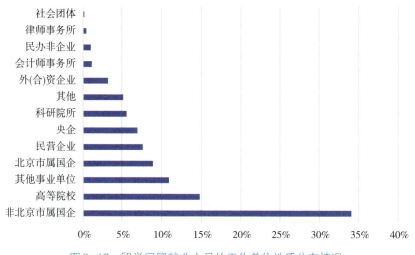

图3-17　留学回国就业人员的工作单位性质分布情况

图3-18中分析不同学历水平的留学回国就业人员的分布情况可以发现，博士研究生的主要工作单位为事业单位，占比高达

91.94%，其中高等院校、科研院所和其他事业单位的占比分别是 65.24%、19.21% 和 7.49%，此外，其他就业人数占比较高的单位 是民营企业（2.40%）；硕士研究生的主要工作单位则集中在国有 企业（58.11%）、事业单位（21.27%）和民营企业（7.85%）。本科 生的主要工作单位为国有企业（64.35%）、民营企业（15.62%）和 事业单位（7.70%）。

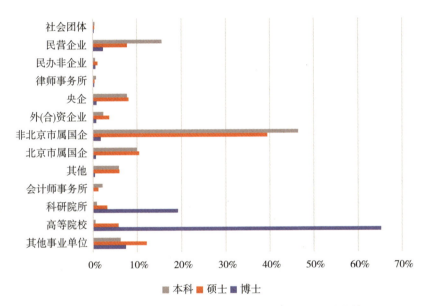

图3-18 分学历的留学回国就业人员的工作单位性质分布情况

（五）主要变量的时序分析

1.认证人数和就业人数

表3-6　2018—2021年留服中心认证和就业数据库人数

年份	认证数据库人数	就业数据库人数
2021	362559	11088
2020	321974	14374
2019	—	13524
2018	—	12974

表3-6的结果表明，相比2020年，2021年在留学服务中心认证的人数有所增加（约40000人），但通过留学服务中心派遣就业的人数降低（超过3000人，占2020年的22.8%），也低于新冠疫情发生之前的2018年。

2.留学回国就业人员主要特征的时序变化

（1）留学回国就业人员的性别比例变化

从表3-7的数据可以看出，2018年到2021年留学回国人员的性别占比变化不大，女性占比约为55%，男性占比约为45%，女性留学人员占比高于男性留学人员。

表3-7　2018—2021年留学回国就业人员性别比例变化情况

年份	男性	女性
2018	41.85%	58.15%
2019	——	——
2020	41.48%	58.52%
2021	43.98%	56.02%

（2）留学回国就业人员的年龄变化情况

图3-19中绘制了2018—2021年留学回国就业人员的年龄变化情况，可以发现，留学回国就业人员的平均年龄在逐年降低，从2018年的28岁降低到2021年的27.34岁。此外，男性留学回国就业人员的平均年龄高于女性留学回国就业人员。

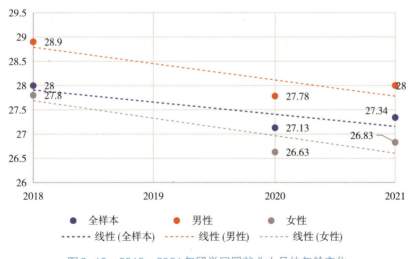

图3-19　2018—2021年留学回国就业人员的年龄变化

（3）留学回国就业人员的学位变化情况

图3-20中绘制了2018—2021年留学回国就业人员的获取学位变化情况，可以发现，拥有硕士学位的留学回国就业人员仍占留学回国就业人员的绝大部分（约80%）。此外，拥有博士学位的留学回国就业人员占比有所增加，从2018年的12.5%增加到2021年的15.77%。

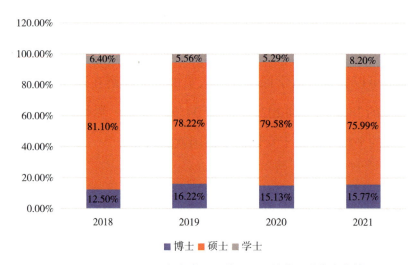

图3-20　2018—2021年留学回国就业人员的获取学位变化情况

（4）留学回国就业人员主要留学国家变化情况

表3-8中报告了2018—2021年留学回国就业人员主要留学国家或地区变化情况，可以发现主要的留学目的地是英国、美国和澳大利亚，来自这三个主要留学国家的占比在2018—2021年的占比均超过了60%。占比排名第四和第五的主要留学国家来自亚洲，包括中国香港特别行政区和韩国等。

表3-8 2018—2021年留学回国就业人员主要留学国家或地区变化情况

年份	第一	占比	第二	占比	第三	占比	第四	占比	第五	占比
2018	英国	34.10%	美国	23.90%	澳大利亚	8.3%	中国香港	4.60%	韩国	4%
2019	英国	31.32%	美国	24.77%	澳大利亚	11.80%	中国香港	5%	德国	4%
2020	英国	31.54%	美国	23.09%	澳大利亚	15.07%	中国香港	6%	韩国	3%
2021	英国	30.77%	美国	21.10%	澳大利亚	13.89%	中国香港	6%	韩国	4%

经过对2021年教育部留学服务中心回国留学人员就业数据库的分析得出以下主要结论：

第一，每6个回国就业的留学回国人员中就有1个具有博士学位，同时具有研究生学位的留学回国就业人员比例逐年增加。2021年有15.77%的留学回国就业人员具有博士学位，有76.04%的具有硕士学位，同2020年相比，具有研究生学位的留学回国就业人员增加了约3%。

第二，留学回国就业的工作地主要集中于北京、山东、广东等经济发展较为发达的地区。

第三，超过50%的留学回国人员的户籍在京，在非京户籍的在京人员中，博士研究生和硕士研究生占比分别为16.07%和83.93%，没有本科学历的非京籍在京留学回国人员。

第四，留学回国就业人员的工作单位集中在国有企业、事业单位和民营企业。

第五，2021年在留学服务中心认证的人数相比2020年有所增加（约40000人），但通过留学服务中心派遣就业的人数降低

（超过3000人，占2020年的22.8%），也低于新冠疫情发生之前的2018年。

第六，留学回国就业人员的年龄体现出逐年年轻化的特征，从2018年的28岁降低到2021年的27.34岁。

四、留学人才回国就业状况调查报告

（一）总体发现

（二）调查样本的描述

（三）留学回国人才海外学习特征

（四）留学回国人才就业特征

（五）留学回国人才就业预期

（六）疫情对留学回国人员回国意愿的影响

（七）追踪调查情况

（八）留学回国人才就业特征的年度变化

党和国家一直高度重视人才工作，出台了各项政策揽才聚才。坚持深入实施人才强国战略，紧紧抓住人才这一引领创新的重要支撑。广大留学人员是高层次人力资本的主要代表，有效利用留学人才资源、发挥留学人才优势，需充分了解留学回国人员就业的现状、需求和挑战，为进一步加强留学人员就业创业服务体系建设提供指导。据此，课题组设计了问卷对留学回国人才的就业状况进行调查。针对答卷数据的分析，得出如下主要结论。

（一）总体发现

留学人员的海外学习特征。留学人员在海外学习的平均时长为3年。个体通常会选择在本科教育阶段结束之后，赴海外修读硕士学位。个体出国前最高学历就读学校层次多为一流大学或普通省属高校。留学人员选择留学地点的主要考虑因素是有助于找工作及当地的教育和经济水平，海外就读学校层次大多处于QS排名靠前的位置。留学回国人员在留学期间的费用支出大多分布在10万—50万，留学支出也多由个体自费承担，这对于农村家庭是较大的投资支出，数据也显示，留学回国人员中农业户口占比较少。

留学回国人员就业状况。第一，留学人员主要基于国内的人才政策和疫情防控及社会关系和经济形势等因素的考虑选择回国发展。这些留学回国个体大多只有短期的海外工作经历，其国内工作经历也多分布在3年以下，且工作转换的频率较低。从留学回国人员的当前工作状态来看，多数处于在业状态，但也有部分个体因缺乏实习机会和实践经验或招聘信息受限等未参与就业。第二，留学回国人员的工作搜寻主要依靠的是个人申请或专业化的网络信息渠道和招聘会等，其次是依靠学校途径。多数留学回国人员都享受到了人才优惠政策，尤其是在住房、生活和落户等方面。超70%的个体可以在3个月内找到工作。第三，留学回国人员的工作地点主要分布在北京、天津、广东、上海、河北以及江浙地区，绝大多数个体暂时没有迁移的打算，准备长期定居在当前城市或者继续居留3-5年。其主要工作所处的行业主要分布在信息传输、软件和信息技术服务业和金融等热门高薪行业。约三分之二的留学回国人员参与数字经济产业。留学回国人员多选择在非大型企业工作，主要就业单位类型是三资企业、国有企业、事业单位和高校或科研机构等。在单位中已较多处于基层管理岗位，年薪水平分布在20万元左右，平均工作时长相对较长。多数个体也将户籍迁移到了工作地。第四，大多数个体对当前工作持满意态度。第五，留学回国人员中创业比例相对较高，对国内创业环境也较为满意，可在融资支持、创业服务和帮助成果转化等方面加以改善。

留学回国人员就业预期。第一，与留学回国人员的现实工作地点分布一致，北上广深等一线城市依然是其就业最优先考虑的地点。第二，留学回国人员期望行业的分布与其现实主要工作的行业分布相符合，主要集中在金融、信息技术和教育等发展较为繁荣、经济回报较高的行业。第三，国有企业、事业单位、高校和科研机构是较受欢迎的就业单位。第四，较多留学回国人员期望的职位是中高层管理者，也有不少个体期望在基层担任管理者或普通员工，职位上的攀升是个体在工作中普遍追求的目标。第五，从期望薪资的分布来看，大多个体的期望薪资是可实现的理性预期水平。第六，留学回国人员择业时最为看重的是长远的职业发展空间。

疫情对留学回国人员的影响。国内有效的疫情防控及经济发展水平增强着留学人员在疫情后选择回国发展的意愿，但随着海外经济形势逐步恢复，工作岗位重新释放出来，防疫政策的逐步放开，留学人员回国意愿也有些许下降。

（二）调查样本的描述

课题组设计的留学人才回国就业状况调查问卷主要包括六个部分的内容，第一部分是受访者的基本特征，第二部分是留学人员的海外学习状况，第三部分是留学回国人员的就业现状及就业预期，第四部分调查了疫情冲击对留学人员回国选择的影响，最后还询问了受访者被追踪调查的意愿。2022年9月至10月期间，利用问卷星平台，以链接和二维码的形式发放并回收问卷共8866份，筛选出已学成归国、年龄处于18—55岁且在海外学习时间、回国时间及工作时间的填写上逻辑自恰的样本，共4679个。

这些个体的平均年龄为27.61岁；男性约占69.33%，女性约占为30.67%；约38.56%有配偶。

表4-1　调查样本与总体样本分布特征比较

变量	类别	调查数据	认证数据	就业数据
性别	男性占比	69.33%	43.44%	44.46%
	女性占比	30.67%	56.56%	55.54%
年龄	平均年龄（岁）	27.61	26.85	27.30
婚姻状况	有配偶占比	38.56%	—	15.21%

（三）留学回国人才海外学习特征

本节主要针对留学回国人员的海外学习特征进行分析，包括出国前最高学历状况、海外学历时长与学习形式、就读学校层次与所获最高学位，以及留学的费用和支出来源等内容。

1.出国前最高学历状况

留学回国人员中，选择在本科阶段的教育完成后出国的个体占54.14%。通常，不少个体会在国内接受本科教育之后，在海外修读硕士学位，丰富自身的教育背景，以便在之后的工作或学习中取得一定的优势。另外，还有22.31%的留学回国人员是在成为硕士研究生之后赴海外学习的，7.05%的个体在高中教育阶段结束之后就选择了出国接受高等教育。

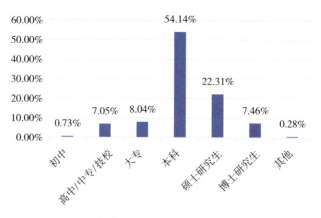

图4-1　留学回国人员出国前最高学历分布

留学归国人员出国前最高学历所在学校较多分布在省属一流学科建设高校、普通省属学校和一流大学。就读于普通省属学校的学生可能有较大的动力弥补已有学历背景的差距，以提升学历背景和留学背景为目的而选择出国留学。就读于一流大学和一流学科建设高校的学生相对来说有较好的学习能力和学习平台，更有可能获得赴海外高校留学的机会。

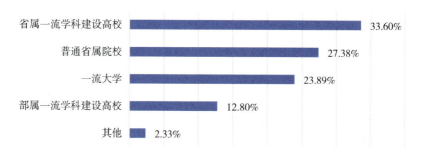

图4-2　留学回国人员出国前最高学历就读学校层次分布

2.留学地点选择

从留学地点的分布来看，留学回国人员选择最多的是美国、英国和澳大利亚，这三个国家一共占比约为62.23%；其次是加拿大，占7.63%；以及分布在亚洲的中国香港特别行政区、日本、韩国和新加坡等地。

图4-3　留学回国人员留学地点分布

就选择留学地点的具体原因而言，约半数留学回国人员都是以到当地留学有助于找工作、当地较高的教育水平及经济发展水平作为选择留学地点的主要考虑因素。其次考虑的是当期的文化、语言和社会关系等。可以看出，教育和发展仍是个体选择留学的主要追求目标，同时也会考虑语言、文化等因素。

图4-4 留学回国人员选择留学地点的原因

3.海外学习时长与学习形式

整体来看，留学回国人员的平均留学时长为3.03年，约一半的留学回国人员的留学时长分布在1—3年。这一现象也与留学回国人员大多在本科阶段之后赴海外学习、在海外取得硕士学位、以及留学回国人员平均年龄这三个特征相符。随着留学时间的增长，相应时段的留学回国人员占比也呈现下降趋势。留学时长在1年以下的个体很少，留学时间过短，较难在短时间内取得学历学位，获得教育质量和教育水平的提升。留学时长在5年以上的个体也较少，一方面留学成本较高，能够长时间投资于留学教育的家庭或个体较少；另一方面留学时间很长的个体对于国外的学习、生活和工作环境更为熟悉，也更为习惯，很可能选择定居国外而非回国发展；另外，基于大多个体在本科阶段之后留学的事实，留学人员完成最高学历学习的时限一般也不会过长。留学时间较短的个体相对较难适应外国的学习和生活，更可能选择回国发展。

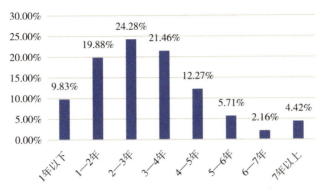

图4-5　留学回国人员海外学习时长分布

　　近年来疫情也对留学人员的学习形式产生了重要的冲击，线上课程成为新的学习方式。具体而言，约34.86%的个体通过国外线下与国内线上相结合的方式进行留学期间的学习，其次是国外线上的形式，约占28.32%，采取国外线下上课形式的只占19.06%，也有14.83%的个体在国内线上远程上课。

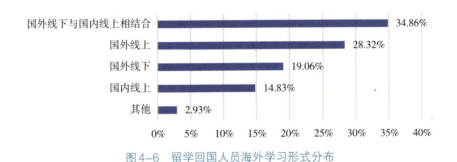

图4-6　留学回国人员海外学习形式分布

4.就读学校与所获学位

　　留学回国人员选择的海外留学高校大多处于QS排名靠前的位置，随着排名的落后，留学人员选择这些学校的概率也会随之下降。就读学校层次越高，留学所能带来的收益也就越多。在留学成本相对较高的前提下，个体将以提升就读学校的层次作为更高的追求。

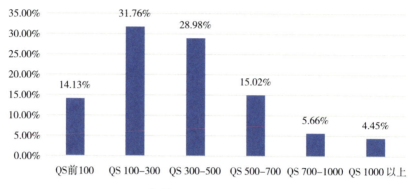

图4-7　留学回国人员留学院校层次分布

就留学人员在海外所获的最高学位而言，49.16%的个体在海外获得的是硕士学位，其次是博士学位，占25.15%，然后是学士学位占17.76%。可见，硕博研究生学位是个体追求海外教育经历的主要目标，尤其是硕士学位。

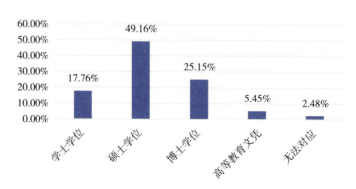

图4-8　留学回国人员所获海外最高学位分布情况

5. 费用支出

留学回国人员在留学期间的费用支出分布在10万—30万的占比为36.38%，23.19%的个体留学费用为30万—50万。过高的费用将超出一般家庭所能承担的教育投资额度，过低的费用支出也难以保证在海外学习的基本需求。

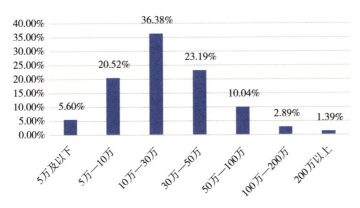

图4-9 留学回国人员留学费用情况

留学回国人员中有74.72%的个体自费承担留学支出，不少个体也获得了奖学金的支持。自费仍是海外学习期间最主要的资金来源，对于留学个体或家庭而言是一笔较大的投资支出。尤其是农村家庭，更难以负担得起留学支出。

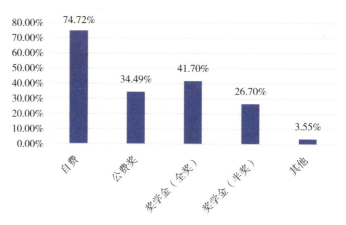

图4-10 留学回国人员留学资金来源

　　调查结果也显示，在留学回国人员中，户口类型不是农业户口的个体占比超过70%。这表明在高层次人力资本投资尤其是留学教育投资中，城乡之间存在着巨大的差异。教育资源在城乡之间的分配也存在着较为严重的不平衡性，农村的教育资源往往更为缺乏，基础教育质量的差异会影响学生获得高等教育机会的能力。另外，农村居民的收入水平也相对较低，教育投资尤其是高等教育投资对农村居民而言，成本较高且投资回报期太长。因此，农业户口个体出国留学的可能性较低。

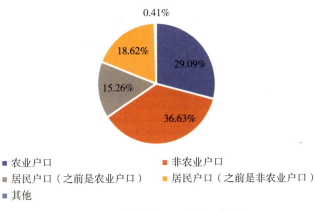

图4-11　留学回国人员户口类型

（四）留学回国人才就业特征

本部分对留学回国人员的回国原因、工作经历、当前工作状态、工作的搜寻转换、户籍迁移及其他就业特征进行分析，还包括创业情况、自我评价和就业预期等内容。

1. 回国原因

调查结果显示，国内具有吸引力的人才政策和到位的疫情防控是留学人员选择回国的最主要原因，将近一半的个体选择了这两项回国因素，国内近年来出台了许多引进人才的优惠政策，为留学回国人员提供了有竞争力的待遇；其次是亲朋好友在国内，亲情是留学人员最难以割舍的因素；然后是国内的经济发展形势和创新创业环境等因素。在新冠疫情的冲击下，国际经济社会环境发生了变化，国内更好的疫情防控效果与经济发展形势成为吸引留学人员回国的主要因素。另外，个体的家国情怀和爱国精神也驱动着留学人员回国。

图4-12　留学回国人员选择回国的原因

2. 工作经历

（1）海外工作经历

留学回国人员中22.06%的个体不具备海外工作经历，即使有海外工作经历，其海外工作时长也往往较短，32.31%的个体在海外工作的时长不到1年，35.71%的个体在海外工作的时长为1-3年。一方面，留学生在海外劳动力市场面临着文化、生活的不适应和身份上的歧视，寻找工作有较大的障碍。另一方面，海外工作经历较长的个体基于自身积累的工作和生活经验也更可能选择留在海外而无法被国内调查观测到。

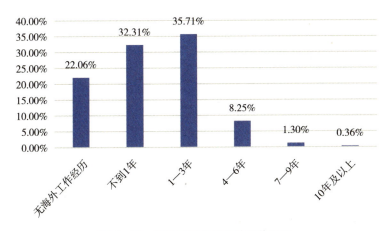

图4-13 留学回国人员海外工作经历

（2）国内工作经历

调查留学回国人员样本中，有10.28%的个体还未在国内工作过，有国内工作经历的个体通常工作时间也较短，大多分布在3年以下。这与留学回国人员的学历背景及年龄分布结果相一致，大多个体处于取得硕士学位不久的年龄阶段，因此具有较短的工作年限。

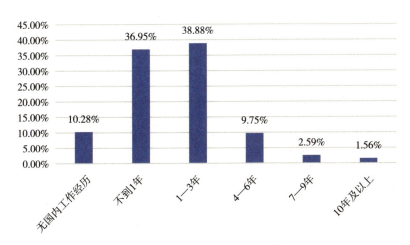

图4-14 留学回国人员国内工作经历

3. 当前工作状态

从留学回国人员的当前工作状态来看，85.85% 的个体处于在业状态，8.06% 的个体处于失业状态，6.09% 的个体退出劳动力市场。

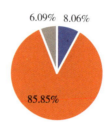

图 4-15　留学回国人员当前工作状况

从失业或退出劳动力市场的原因来看，48.64% 当前没有工作的个体是因疫情影响无法外出实习，36.25% 的个体是因为缺乏实践经验而难以找到工作，其次是招聘信息渠道的限制，留学人员身处海外，对国内招聘信息的获取就面临着时滞和不通畅的问题。留学人员在海外学习时期相对较短，语言文化差异及身份等限制，使其获得实习机会的可能性较小，或者缺乏与国内企业相适应的实习经验。另外，在疫情的冲击下，外出实习也面临着严重的阻碍。留学人员再升学或参加公考等备考过程也是造成个体未就业的主要因素，长期的备考挤占了实习和搜寻工作的时间，同时也可能错过招聘季而影响求职。

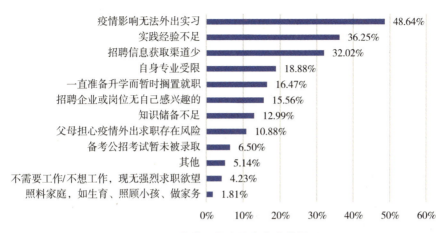

图4-16　留学回国人员未在业的原因

　　下面将以留学回国人员当前的工作或最近一份工作为基础，对个体工作搜寻、转换、工作地点、户籍迁移、创业情况及其他主要工作特征进行分析，因此，考虑的是4198个具有国内工作经历的留学回国人员子样本。

4. 工作搜寻与工作转换

（1）搜寻时长

　　从留学回国人员的工作搜寻时长分布来看，有国内工作经历的个体中约39.30%找到当前或最近一份工作所用的时间不到1个月，34.52%的个体搜寻时长在1—3个月。即超70%的留学回国人员可以在3个月内找到工作，表明留学回国人员在国内寻找工作的难度不大。一方面，留学回国人员往往具有较高的人力资本，同时具备语言优势，以及对海外市场环境的了解，在劳动力市场中处于相对优势地位。另外，从留学回国人员的基本特征及海外学习特征可以看出，较多个体在自身能力、家庭背景及校友资源等方面相对更强，也就更可能获得较多的信息来源，具有更强的搜寻能力。

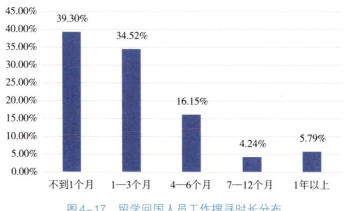

图4-17 留学回国人员工作搜寻时长分布

调查显示，留学回国人员回国后初次工作时间与取得海外最高学位时间平均相距20.58个月，详细分布如图所示，其中70%以上的个体可在取得海外最高学位后两年内开始国内的第一份工作。这一时间间隔明显长于国内搜寻工作的时长，说明留学人员在毕业后可能在海外居留一段时间后再回国开始工作。

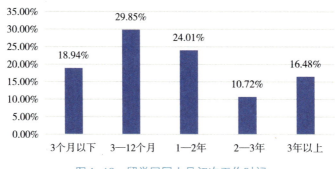

图4-18 留学回国人员初次工作时间

（2）搜寻途径

留学回国人员进行工作搜寻的最主要途径包括专业化的招聘求职网站、人才招聘会及直接向用人单位申请，其次是学校途径，然后是通过社会网络。可以看出，工作搜寻主要是依靠个人申请或专业化的网络信息渠道进行。

图4-19　留学回国人员工作搜寻途径

（3）人才引进

当前，各地的人才政策已较为完善，留学回国人员作为地方希望引入的高人力资本可享受多种人才补贴待遇。调查表明，约76.44%的个体享受了人才引进政策。具体而言，一半左右的个体享受到了住房便利和生活补贴，其次是落户便利，然后是科研创业支持，最后是配偶子女安置等。

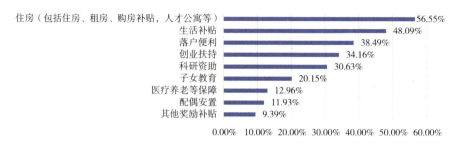

图 4-20　留学回国人员享受人才政策内容

（4）工作转换

在具有国内工作经历的留学回国人员中，38.76% 的个体只在国内从事过一份工作，49.40% 的个体在国内从事过两份工作。可以看出，大多数留学回国人员进行工作转换的频率并不高。毕业后开启工作阶段的早期，选择稳定踏实的步调对于积累工作经验和形成良好的职业背景对于之后的发展具有重要的基础性作用。

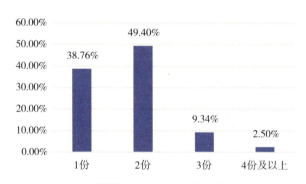

图 4-21　留学回国人员国内曾从事工作份数

在国内从事过两份及以上工作的留学回国人员中，最长一段工作经历所持续的时间大多分布在半年至一年和一年至三年之间，个体转换工作的频率大致在一年左右。

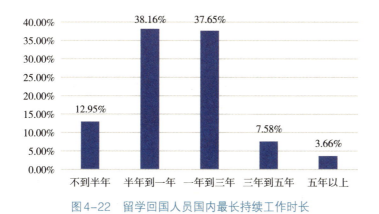

图4-22 留学回国人员国内最长持续工作时长

（5）居留意愿

约96.16%的个体打算今后一段时间仍留在当前工作所在城市。37.61%的个体选择定居在当前就业所在城市，29.01%的个体选择居留3—5年。较多个体会选择在一定时期后迁移，可能是无法长期承受一线城市生活的高昂成本如房价、教育等，选择积累够一定的财富水平后迁移，或是工作一段时间合同服务期满后迁移等。

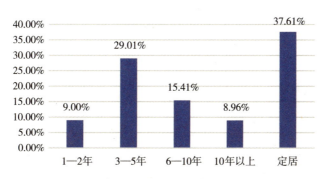

图4-23 留学回国人员居留当前工作城市的意愿

5. 主要工作特征

（1）工作地点

留学回国人员当前或最近一份工作的地点分布与回国后初次就业地点分布基本一致，多分布在北京、天津、广东、上海、河北以及江浙地区。一方面，留学回国人员回国后工作转换频率很低，当前工作或最近一份工作很可能就是第一份工作，因此体现不出迁移的方向与特征。另一方面，即使选择转换工作，大多个体仍会在经济发展水平较高的地点，追求更多的就业机会和更高的薪资水平，还可充分利用就业的经验和人脉资源。相对于初次工作地点，主要工作地点的分布略微有从北上广向其他新一线或二线地区转移的趋势，可能存在少部分个体在较大的生活压力和工作节奏下选择了转移到家乡或二线城市等。

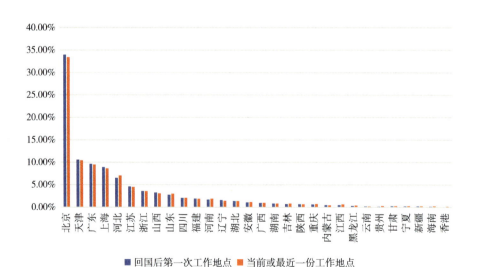

图4-24　留学回国人员就业地点分布

（2）行业分布

留学回国人员主要工作所处的行业中，分布最多的两个是信息传输、软件和信息技术服务业和金融业。随着新一轮科技革命的兴起，数字技术快速发展，数字经济时代加速到来，人工智能和大数据等繁荣发展需要相关行业的人才，这些领域也能带来优厚的薪酬，而成为劳动力市场中的热门行业，吸引着留学人才的大量涌入。

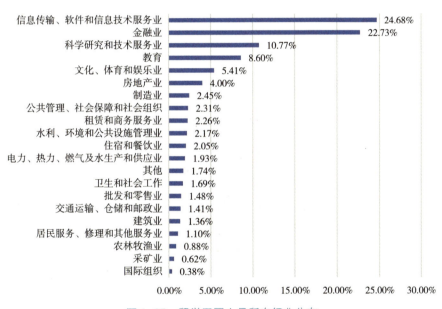

图4-25　留学回国人员所在行业分布

具体而言，约三分之二的留学回国人员处于数字经济产业，与去年四分之一的比例相比大有提升，数字经济领域的人才供给显著增加。

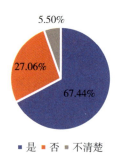

图4-26　留学回国人员参与数字经济的状况

细分来看，在数字经济产业工作的留学回国人员中，有27.06%分布在数字技术应用业，32.78%分布在数字产品制造业，8.72%分布在数字要素驱动业，26%分布在数字产品服务业，5.44%分布在数字化效率提升业。

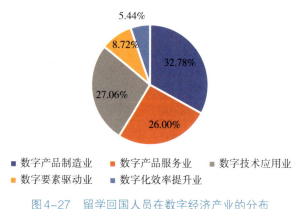

图4-27　留学回国人员在数字经济产业的分布

（3）单位规模

留学回国人员中约25.37%的个体所在单位拥有的从业人员数量为50—100人，在100—200人的占22.32%，分布在非大型企业成为较为鲜明的特征。从以上分析也可知，留学人员多分布在信息技术行业和数字经济领域，这些领域的企业多为创新创业型，具有小而精的特征。

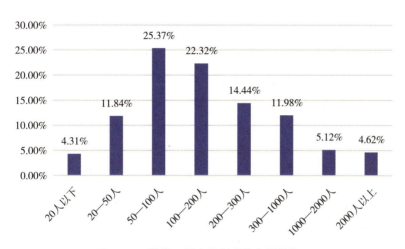

图4-28　留学回国人员所在单位规模状况

（4）单位类型

从所在单位的类型来看，分布最多的是三资企业，占23.46%，其次是国有企业、事业单位和高校，然后是民营企业等。留学人员在海外学习期间形成的更加开放的思维方式以及对海外市场环境的了解，以其海外学习背景进入有外资引入的企业工作也有相应的熟练度和适应性。国企和事业单位的工作往往有较强的稳定性，近年来也成为毕业生竞相进入的岗位。取得博士学位的留学回国人员具有海外教育和学术背景，在高校也更受欢迎。另外，国内的民营企业发展也非常繁荣，比如以华为、阿里巴巴、腾讯、百度、京东等为代表的企业都是各行业的领军力量，也吸引着留学回国人员的加入。

图4-29 留学回国人员所在单位类型

（5）所处职位

从留学回国人员在单位中所处的职位分布来看，16.60%的个体处于普通员工的职位，25.54%的个体成了基层管理者，35.42%的个体已晋升到中层。可以看出，留学回国人员在单位多处于基层管理岗位。留学人才作为各地引入的高层次人力资本代表之一，在引入地方后将获得职业发展和晋升上的便利，同时其自身也具有较高的受教育水平和能力，因此已有较多处于管理岗位。

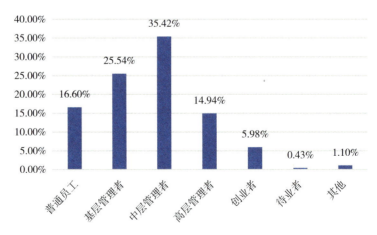

图4-30 留学回国人员所处职位分布

（6）薪酬状况

留学回国人员中，35.66%的个体税前年薪在20万—29万元，33.28%的个体税前年薪为10万—19万元，30万元及以上的占到了22.58%，8.48%的个体税前年薪在9万元以下。薪酬分布情况也与职位分布特征相符合，平均年薪大致处于20余万。

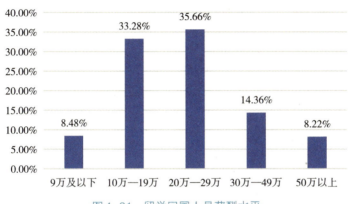

图4-31　留学回国人员薪酬水平

分性别来看，相对于男性，女性更多分布在20万以下的薪酬区间，更少分布在20万以上的薪酬水平上。一方面，劳动力市场可能存在着性别歧视；另一方面，女性可能会出于个人偏好或家庭需求的考虑，选择工作时长较短、压力较小的工作，薪酬水平也就较低。

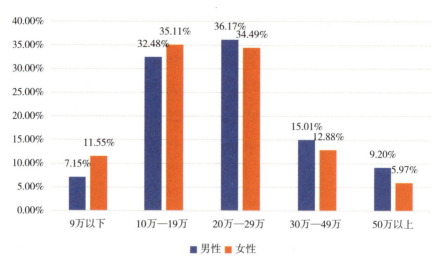

图4-32　分性别的留学回国人员薪酬水平

（7）工作时长

约63.22%的留学回国人员的周工作天数为5天，28.13%的个体平均每周工作六天。这与当前一些企业的工作制度有关，比如多数互联网"大厂"纷纷实行"大小周"或"996"工作时间安排，而非正常的双休制度。

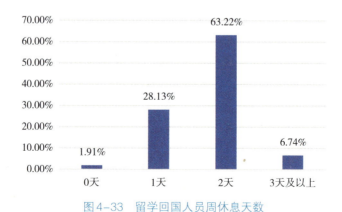

图4-33　留学回国人员周休息天数

从日工作时长来看，45.64%的个体日工作时长分布在8—10小时，7.02%的个体日工作时长超过10小时，工作时长不超过8小时的个体占比为47.33%。多数个体的工作时间已经超过了八小时工作制的要求，因其所处行业多分布在金融和信息技术服务业，这些行业的工作大多工作压力较大，普遍要求较长的工作时间。

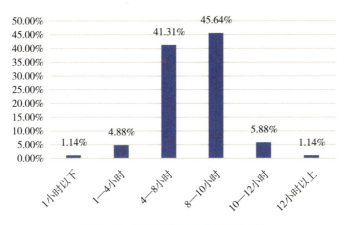

图4-34　留学回国人员日工作时长

（8）工作满意度

留学回国人员中，对主要工作持非常满意状态的占45.97%，认为工作满意的占38.16%，有12.63%的个体认为工作一般，3.24%的个体对主要工作持不满意的态度。可以看出大多数个体对个人的工作现状较为满意。

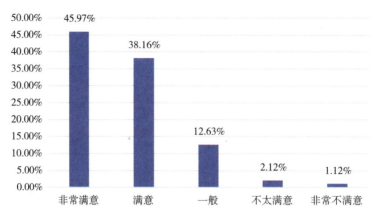

图 4-35　留学回国人员工作满意度

6.户籍迁移

留学回国人员中，约62.65%的个体将户籍迁移到工作地，37.35%的个体并未选择迁移。由上文的分析可知，各地为了吸引人才的流入对留学回国人员的户籍迁入限制有一定的放松政策，同时为了留住人才也会以迁入户口作为发放人才优惠政策的条件，因此总体迁移比例较高。

图 4-36　留学回国人员户籍迁移状况

留学回国人员选择把户口迁移到工作地点主要考虑的是当地的人才引进政策，获得高等学历的相应人才补贴，其次是当地的教育和医疗环境状况，然后是城市发展前景。这说明各地的人才引进政策的确起到了较好的引才效果。

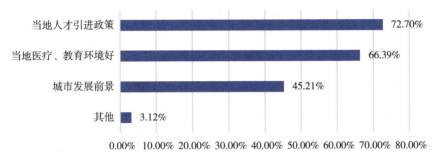

图4-37　留学回国人员户籍迁移原因

7.创业情况

（1）创业经历

留学回国人员中，将近一半的个体曾经创过业或当前正在创业。一方面，留学回国人员可能拥有较强的个人能力、家庭经济实力、校友资源等社会网络关系，以及更加开放的思维方式和创新性思考模式，创业的能力和实力相对较强。另一方面，国家对于创新创业行为的鼓励和支持政策也吸引更多的人回国创业。因此，留学回国人员的创业比例相对国内毕业生而言较高。

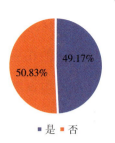

图4-38 留学回国人员国内创业经历

（2）创业环境满意度

拥有创业经历的留学回国人员中，57.41%的个体对国内创业环境的评价为非常满意，27.52%的个体持满意的态度，认为国内创业环境一般的个体占11%，4.07%的个体对国内的创业环境持不满意的态度。总体而言，留学回国人员对国内创业环境的满意度较高，创业环境良好。

图4-39 留学回国人员对创业环境的满意度

（3）创业困难

从留学回国人员在创业过程中遇到的困难分布可以反思当前国内创业环境的不足，进而加以改善。具体而言，技术成果难以转化、融资困难和研发水平有限是使创业人员感到困难最主要的三个因素。其次是相关创业服务不到位。然后是人力成本和竞争等市场因素。因此，国内创业环境的进一步改善可主要从提供创业指导、便利化融资渠道和贷款服务以及完善相关的服务体系等方面入手。

图4-40　留学回国人员所遇创业困难

8.收入状况

从留学回国人员2021年的总体收入水平的分布形态与薪酬状况相似，但绝对水平上高于薪酬水平，其他非工资性收入也在发挥着作用。具体而言，年收入水平处于10万以下的占13.29%，10万—20万之间的占28.40%，处于20万—30万的占28.81%，处于30万—50万的占17.44%，50万以上的占12.06%。

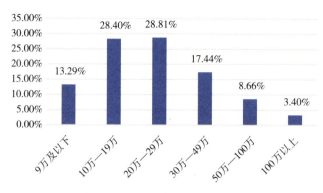

图4-41　留学回国人员2021年总收入（人民币/元）

（五）留学回国人才就业预期

本部分主要对当前未就业留学回国人员的就业预期进行分析，包括期望工作地点、期望行业、期望单位类型、期望职位、期望薪酬水平和择业要素等内容。

1.期望工作地点

留学回国人员中，约一半个体期望工作地点是"北上广深"，约30%的个体期望在成都、天津、杭州、青岛、南京和重庆等新一线城市工作，9.67%的个体期望在中国其他地区工作，8.46%的个体期望在留学国工作，极少数个体期望工作地点为其他国家。整体来看，"北上广深"一线城市依然是最优先的考虑，这也与留学回国人员的现实工作地点分布特征基本一致。

图4-42　留学回国人员期望工作地点分布

2.期望行业

留学回国人员最期望从事的两个行业是金融业和信息传输、软件和信息技术服务业，其次是教育和科研等行业。可以看出期望行业的分布与留学回国人员现实主要工作所在行业的分布基本一致，都主要集中在金融、信息技术和教育等发展较为繁荣、经济回报较高的行业。

图4-43　留学回国人员期望从事行业的分布

3.期望单位类型

从留学回国人员期望的就业单位类型来看，国有企业是最受欢迎的，其次是三资企业、事业单位、高校科研单位和政府部门等，明显地趋向以稳定为特征的公共部门中。疫情形势和经济状况等不确定性的增加，可能使个体在选择工作中更加趋于稳定。

图4-44 留学回国人员所期望的单位类型

4.期望职位

留学回国人员中，11.18%的个体期望在单位中做普通员工，17.67%的个体期望成为基层管理者，34.89%的个体期望晋升至中层管理者，24.47%个体的期望职位是高层管理者。总体来看，较多留学回国人员期望的职位是中高层管理者，对职位晋升具有较大的期待，也有不少个体期望在基层担任管理者或普通员工，职位上的攀升是个体在工作中普遍追求的目标。

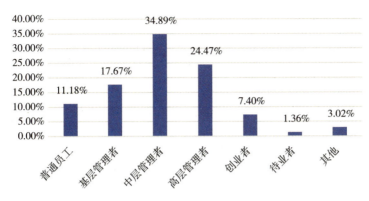

图4-45 留学回国人员的期望职位

5.期望薪酬水平

留学回国人员中，29.91%个体的期望薪资处于10万—19万，29.61%的个体期望薪资能达到20万—29万，16.77%的个体期望薪资处于30万—49万，期望薪资在50万以上的个体约占12.84%。总体而言，超过一半的个体期望的以人民币计的税前薪资处于10万至30万之间。从期望薪资的分布来看，大多个体的期望薪资水平是相对可实现的理性目标，而非盲目地追求高薪，工作与生活的平衡和适度是更为期待的状态。

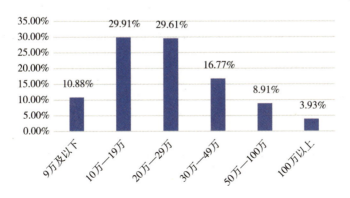

图4-46 留学回国人员的期望薪酬水平

6.择业要素

留学回国人员中，41.78%的个体在择业时最为看重的要素是职业发展空间，30.37%的个体最看重薪资福利，较少个体关注专业或单位性质等因素。留学回国个体大多从长远的、发展的眼光选择工作，寻求的是长期发展而非短期利益。

图4-47　留学回国人员的择业要素

（六）疫情对留学回国人员回国意愿的影响

约76.11%的留学回国人员认为疫情后留学人员回国的意愿一直增强，19.47%的个体认为疫情后留学人员回国的意愿是先增加后降低的，也有4.42%的个体认为疫情前后留学人员回国意愿并无明显变化。在新冠疫情的冲击下，中国的应对非常迅速，国内防疫取得的成效更为显著，社会环境更加安全。同时，国内经济工作恢复较好，发展形势良好。另一方面，在灾难发生时，回归祖国和家庭的愿望也将更加迫切。因此，留学人员回国意愿明显增强。

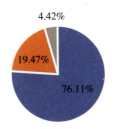

图4-48　疫情加速留学人员回国趋势变动

但随着海外受疫情影响的经济形势逐步恢复，工作岗位重新释放出来，防疫政策的逐步放开，留学人员回国意愿也有些许下降。

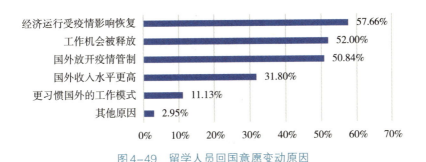

图4-49　留学人员回国意愿变动原因

（七）追踪调查情况

2021年留学回国人才就业状况调查中，约有1800人愿意接受追访并留下电话或邮箱等联系方式。我们对这些样本进行了追踪调查，了解其就业状况随时间的变化特征。共成功获得追踪样本349个。其中，男性约占48.14%，女性约占51.86%。平均年龄为

28.36岁。

约22.06%的个体在过去一年进行了户口迁移，且约74.03%的户口迁移是随工作迁移的。

约52.12%的个体并未在过去一年中发生工作状况的改变，约42.12%的个体过去一年并未换过工作，约10.03%的个体回国后一直没有开始第一份工作。约21.20%的个体在最近一年中发生了工作转换，约16.91%的个体在最近一年中成功搜寻到了回国后的第一份工作，约9.74%的个体在最近一年中失去了原有的工作且还未找到新的工作。

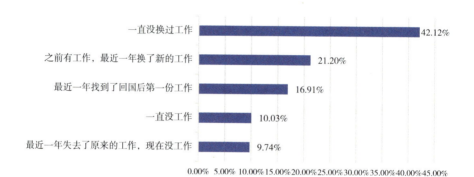

图4-50　追踪人员过去一年工作状况变化

在过去一年中维持原工作不变的个体中，约58.50%的个体并未在原有工作上发生薪酬或职位的变化，约37.41%的个体在原有工作中获得了升职加薪的奖励，约4.08%的个体被降职减薪。

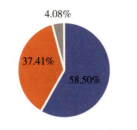

图4-51 追踪人员过去一年薪酬和职位变化

（八）留学回国人才就业特征的年度变化

与2021年相比，2022年留学回国人才就业特征呈现出的变化体现在以下几个方面。

一是海外工作经历。2021年大多留学回国人员并不具有海外工作经历，2022年具有海外工作经历的留学回国人员占比有所上升，但大多是短期的海外工作经历。随着海外疫情管控政策的放开及经济的逐步恢复，海外工作机会也相应增加，留学人员可能会选择居留海外工作。

二是回国就业时的工作搜寻时长。与2021年相比，2022年留学回国人员在搜寻工作时所用的时长略微上升，能够在3个月内找到工作的个体占比略有下降。疫情形势的变化给工作搜寻带来了一定程度的不便。

三是行业分布。2021年留学回国人员分布最多的行业是教育，2022年则是信息传输、软件和信息技术服务业。随着"双减"政策的实施，教培行业进入了寒冬，人才涌向信息领域。与2021年相比，2022年留学回国人员参与数字经济产业的比例也在提升，数字经济参与度增高。

四是工作单位规模和类型。从单位规模来看，与2021年相比，2022年留学回国人员多在非大型企业工作。从工作单位类型来看，2021年分布最多的是民营企业，而2022年则最多分布在三资企业。在疫情形势反复、互联网"寒冬"到来等背景下，面对"大厂"的裁员和缩招，人们在就业时也把目光投向了其他企业，表现为更加广泛地接受各种规模和类型的工作单位。从预期工作单位类型来看，国有企业、事业单位、高校和科研机构等体制内工作变得更加受留学回国人员的欢迎。国际政治经济形势的变动，及就业难度的增加，使人才对于工作的偏好和预期发生变化，同质化地青睐于更加稳定的工作类型。

五是落户选择。与2021年相比，2022年更多个体选择将户籍迁移到了工作地。随着各地人才政策的普遍实施，户口迁移到当地作为获得人才补贴的基本条件，显著提升了就业人员将户口迁移到工作地的概率。

五、留学人才海外就业状况调查报告

（一）总体发现

（二）调查样本描述

（三）留学人员海外学习特征

（四）留学人员海外就业特征

（五）海外留学人才就业预期

（六）侨情对海外留学人员的影响

（七）追踪意愿

　　全球经济的不确定性增大，乌克兰危机、新冠疫情以及逆全球化趋势等世界政治经济形势的变化，留学人才海外就业情况引发社会各界的广泛关注。本问卷主要就留学人员的海外就业情况进行调查，以更好地了解和研究留学人员海外就业的现状、需求和挑战。针对答卷数据的分析，得出如下主要结论。

（一）总体发现

　　留学人员海外学习特征。留学人员较多来自北京、天津和河北等经济发展水平较高或生源数量较多的地区，出国前最高学历就读学校层次多为一流大学，通常会选择在本科教育阶段结束之后，赴海外修读硕士学位。美国依然是留学热门地点，其次是英国、澳大利亚和亚洲地区，留学人员选择留学地点的最主要考虑因素是工作前景和当地教育水平。留学人员较多在QS100-300院校就读，大多学习经管类专业，其次是理工类，留学时长多分布在3年左右。留学支出大多分布在30万元左右，多有自费支出的部分。疫情防控期间，主要采取国外线下与国内线上相结合的方式进行学习。较多受访者已开始工作，三分之一左右的个体还处于在读状态。

　　留学人员海外就业状况。较多留学人员还是希望在海外短期居留后回国发展，也有部分留学人员看重海外的薪酬和工作机会，希望留在海外。近30%的留学人员还无海外工作经历，有海外工作经历的个体大多也是3年以下的短期工作。工作转换频次略多。大多并未受到过歧视。基本可在半年内找到工作，主要依靠专业化的招聘求职网站或客户端、直接向用人单位申请等途径。与留学地点一致，工作地点也主要分布在美国、英国和澳大利亚等地。主要分布在信息传输、软件和信息技术服务业和金融业，其次是教育和科研等行业。留学人员所在单位规模分布较为均匀，有部分在大型企业，也有部分在小型企业，多在海外的非营利组织、基金会、大学、学院、组织、协会、组织、集团等单位。工作时长较为合理，多为每天4—8小时，每周工作5天。薪酬水平较高，年薪分布在30万元左右，职位也多分布在低、中、高管理层。较多留学人员有过创业经历，对海外创业环境较为满意，主要遇到过研发水平有限、技术成果难以转化、创业服务不到位和融资困难等问题。部分海外留学人员未在业，主要原因是缺乏实践经验、招聘渠道有限等。

海外留学人员就业预期。从近30%未在业海外留学人员的工作期望来看，较多期望回到国内"北上广深"一线城市就业，从事金融业、教育和信息传输、软件和信息技术服务业，其次是科研和文娱等行业，到高校、科研机构，再次是三资企业、政府部门、事业单位和国有企业等单位就业，晋升到中高层管理层，获得20余万元的税前年薪。总体而言，就业预期较为理性，择业看重的是长远的职业发展。

海外侨情变化对留学人员的影响。因新冠疫情、乌克兰危机等世界经济政治形势变化，较多留学人员产生思想和心理状态上的变化，如焦虑和抑郁情绪；工作上也出现了工作方式转变、降职降薪、失业停工、求职难度增加等问题；生活上面临社交问题、情绪困扰、生命安全等。还主要面临着物价上涨的困难。希望能够增加奖学金支持力度，精简回国流程，提供更多可靠的求职信息来源，开展留学人员国内专场招聘活动，提供心理疏导支持，举办交流会等。多数留学人员认为国内的防疫政策效果更好，更愿意在国内防疫政策下工作和生活。但回国面临着就业信息不足、岗位减少、竞争激烈；重建社会关系网络；适应国内职场文化；疫情下回国不便；毕业时间与国内校招时间衔接等问题。希望拓宽就业信息渠道，设立留学人员就业专区，增加线上实习机会；改善工作福利，维护劳动者权益；优化学术生态环境；放宽就业年龄限制；优化防疫政策，降低回国成本；加强奖学金支持力度；扶持小微企业发展等。

（二）调查样本描述

课题组设计的留学人才海外就业状况调查问卷主要包括五个部分的内容，第一部分是受访者的基本特征，第二部分是留学人员的海外学习情况，第三部分是留学人员海外就业的现状及就业预期，第四部分是海外侨情变化对留学人员的影响，最后还询问了受访者被追踪调查的意愿。2022年9月至12月期间，利用问卷星平台，以链接和二维码的形式发放并回收问卷共5100份，筛选出当前在海外、年龄处于18—55岁且在出生日期、开始海外学习时间、取得学位时间及工作时间的填写上逻辑自恰的样本，共2835个。平均填写时长为8.68分钟，可以看出受访者答题较为认真，数据质量可靠。这些受访者的平均年龄为27.25岁；男性约占79.68%，女性约占为20.32%；约33.05%有配偶。从户口类型的分布来看，海外留学人员大多是非农业户口，其中，约48.54%是非农业户口，20.95%是非农业户口转居民户口，17.74%是农业户口，12.13%是农业户口转居民户口。

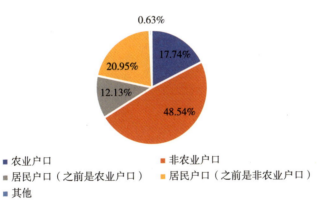

图5-1 海外留学人员户口类型分布

（三）留学人员海外学习特征

本节主要针对留学人员的学习特征进行分析，包括户口所在地与高考生源地、出国前最高学历状况、留学地点、就读学校层次、留学时长、取得最高学位、所学学科、学习形式、留学资金来源与支出情况等内容。

1. 户口所在地与高考生源地

从海外留学人员的户口所在地和高考生源地来看，在高考户籍限制下，两者分布呈现出较强的一致性。具体来看，分布最多的是北京，超过三分之一，其次是天津，这两个地区具有较高的经济发展水平和优质丰富的教育资源，来自于此的学生可能相对具有更多的教育选择和更高的能力水平；其次是河北、广东等人口和生源数量较多的省份。

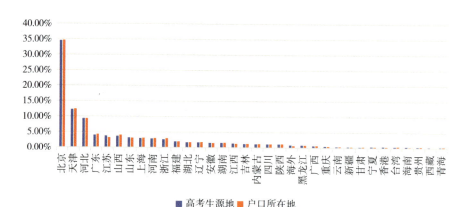

图5-2　海外留学人员高考生源地及户口所在地分布

2. 出国前最高学历状况

海外留学人员中，将近一半的个体是在完成本科阶段教育后出国，通常会继续在海外修读硕士学位，丰富自身的教育背景，以便在之后的工作或学习中取得一定的优势。另外，还有17.78%

的留学人员是在成为博士研究生之后赴海外学习的，可能会继续选择攻读博士后，追求更好的学术和工作发展前景；16.05%的个体是在硕士阶段后出国留学；12.66%的个体在高中教育阶段结束之后就选择了出国接受高等教育。

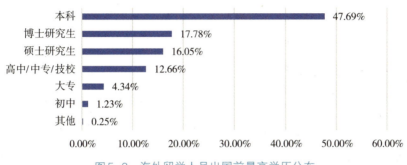

图5-3　海外留学人员出国前最高学历分布

留学人员出国前最高学历所在学校层次较多分布在一流大学和省属一流学科建设高校，其次是普通省属学校和省属一流学科建设高校。就读于普通省属学校的学生可能有较大的动力弥补已有学历背景的差距，以提升学历背景和留学背景为目的而选择出国留学。就读于一流大学和一流学科建设高校的学生相对来说有较好的学习能力和学习平台，更有可能获得赴海外高校留学的机会。

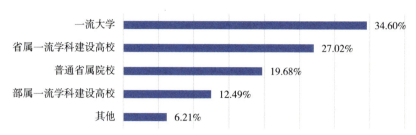

图5-4　海外留学人员出国前最高学历分布

3.留学地点选择

从留学地点的分布来看，留学人员选择最多的是美国，约占36.47%；其次是英国和澳大利亚，这三个国家一共占比约为55.87%；然后是分布在亚洲的日本、新加坡、韩国和中国香港特别行政区，约占20.46%。

图5-5　海外留学人员留学地点分布

就选择留学地点的具体原因而言，约半数留学人员都是以当地较高的教育水平、到当地留学有助于找工作及经济发展水平作为选择留学地点的主要考虑因素。其次考虑的是当期的文化、语言和社会关系等。可以看出，教育和发展仍是个体选择留学的主要追求目标，同时也会考虑语言、文化等因素。

图5-6　海外留学人员选择留学地点原因

4.海外学习学科

就留学人员选择海外就读的学科分布而言，选择最多的是经管类，将近一半；其次是理工类，约占30%；然后是文学和艺术，约占10%；还有教育、医学、法学和哲学等。

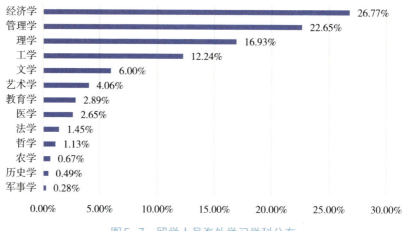

图 5-7　留学人员海外学习学科分布

5. 海外学习时长

　　整体来看，留学人员的平均留学时长为3.4年，约60%留学人员的留学时长分布在1—4年。这一现象也与留学人员大多在本科阶段之后赴海外学习、在海外取得硕士学位、留学人员平均年龄这三个特征相符。留学时长在1年以下的个体较少，留学时间过短，较难在短时间内取得学历学位，获得教育质量和教育水平的提升。留学时长在5年以上的个体也较少，留学成本较高，能够长时间投资于留学教育的家庭或个体较少；但随着留学时间的增长，相应时段的留学人员占比下降的趋势并不十分明显，选择了居留国外而非回国发展的个体可能本就计划了较长的留学时间，也对国外的学习、生活和工作环境更为熟悉。

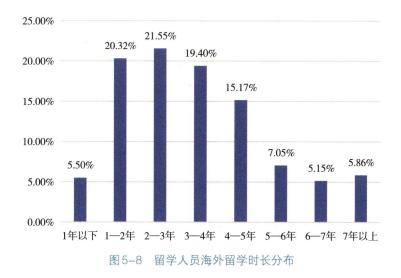

图5-8 留学人员海外留学时长分布

6.海外就读学校层次

就留学人员选择海外就读学校的层次而言，分布最多的是QS100-300，约占28%，其次是QS300-500，约占21%，然后是QS700-1000，约占17%，QS前100约占16.8%。海外留学高校较多处于QS排名靠前的位置，随着排名的落后，留学人员选择这些学校的概率也呈现下降趋势。就读学校层次越高，留学所能带来的收益也就越多，在留学成本相对较高的前提下，个体将以提升就读学校的层次作为更高的追求。但也存在不少留学人员以出国为目的而选择层次并不高的学校就读。

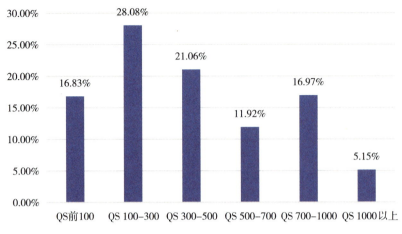

图5-9　留学人员海外就读学校层次分布

7.海外取得最高学位

就留学人员在海外所获的最高学位而言，约39%的个体在海外获得的是硕士学位，其次是博士学位，占22.15%，然后是高等教育文凭，约占18%，学士学位占17.25%。可见，硕博研究生学位是个体追求海外教育经历的主要目标，尤其是硕士学位。

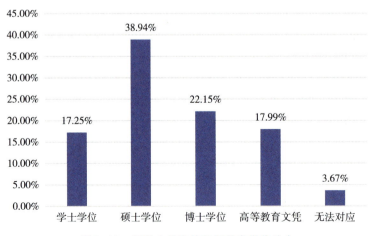

图5-10　留学人员海外取得最高学位分布

8.海外留学资金来源与费用支出情况

约70%的留学人员海外学习资金以自费为主，不少个体也获得了奖学金的支持，约36%的个体获得了全奖，分别约有30%的个体获得了公费支持和半奖。自费仍是海外学习期间最主要的资金来源，对于留学个体或家庭而言是一笔较大的教育投资支出。

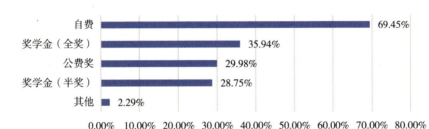

图5-11　留学人员海外留学资金主要来源

留学人员在留学期间的费用支出分布在10万—30万的占比为31.39%，20.46%的个体留学费用为30万—50万。分布在5万以下和200万以上的占比很少，过高的费用将超出一般家庭所能承担的教育投资额度，过低的费用支出也难以保证在海外学习的基本需求。

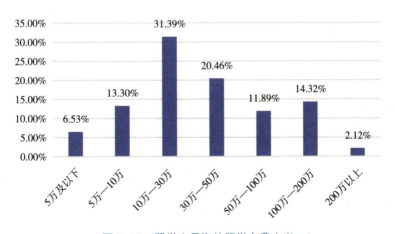

图5-12　留学人员海外留学自费支出

9.疫情防控期间留学的主要学习形式

近年来疫情也对留学人员的学习形式产生了冲击，线上课程成为新的学习方式。具体而言，约40%的个体通过国外线下与国内线上相结合的方式进行留学期间的学习，其次是国外线下的形式，约占28%，采取国外线上上课形式的约占20%，也有9.5%的个体在国内线上远程上课。

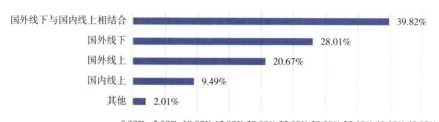

图5-13 海外留学人员疫情防控期间主要学习形式

10.留学人员海外就读就业状态

调查样本中约42.5%的个体已完成学习阶段，处于已毕业居留海外的状态；约21%的个体正在海外求职，三分之一左右的个体还处于在读状态。

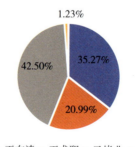

图5-14 留学人员当前海外就读或学习状态

（四）留学人员海外就业特征

本部分对留学人员的海外居留原因、工作经历、当前工作状态、工作的搜寻转换等特征进行分析，还包括就业预期等内容。

1.留学人员海外居留意愿及原因

首先从海外留学人员的居留与回国意愿来看，约65%的留学人员打算在毕业后回国发展，近30%的留学人员打算居留在留学地点，约5%的留学人员计划去其他海外地区发展。

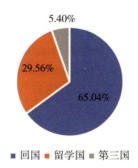

图5-15　留学人员毕业后海外居留意愿

就留学人员计划居留海外的时长来看，较多留学人员选择短期居留，约占47%，计划长期居留海外的个体约占28%，余下约四分之一的留学人员暂无明确的居留计划。

图 5-16　留学人员计划海外居留时长

　　就留学人员选择居留海外的原因而言，多数留学人员看重的是海外的薪资福利和工作机会，约占 60%；其次是职场文化，约占 45%；然后是生活习惯和签证等因素。

图 5-17　留学人员选择居留海外的原因

2. 留学人员海外工作经历

　　从留学人员的海外工作经历来看，约 28.75% 的留学人员还没有海外工作经历，因为有部分个体还处于在读状态；约 20% 的留学人员在海外刚工作不到 1 年；约 40% 的留学人员已在海外工作了 1-3 年；海外工作经历超过 3 年的个体约占 11%。这也与较多个体选择短期居留海外的事实相符，因为生活习惯、家庭和社会关系、文化传统等各方面因素，留学人员可能会选择在海外工作一段时间后回国，同时这一海外工作经历也是回国后职业发展的一大优势。

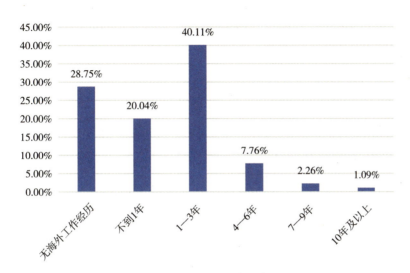

图5-18　留学人员海外工作经历

现考虑有海外工作经历的2020份样本，就其工作转换频率来看，约40%的留学人员在海外有过2份工作，约28%的留学人员只有1份工作，约26%的留学人员有3份海外工作经历，约6%的留学人员具有超过3份的海外工作经历。总体来看，工作转换频率不高，这一事实也与留学人员海外短期居留预期及平均年龄相符。

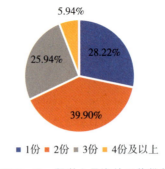

图5-19　留学人员海外工作份数

从留学人员海外工作经历中的最长持续时间来看，大多都比较短。约43%最长工作经历持续时间在1–3年，其次是半年到一年约占36%，约13%不到半年，在3年以上的约占9%。一方面，可能毕业时间较短，暂无长期的工作经历；另一方面，可能在海外短期工作后回到国内，因此，在海外长期工作的个体并不多。

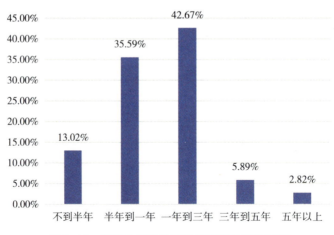

图5-20　留学人员海外工作经历最长持续时间

3.留学人员海外就业歧视

多数留学人员在海外工作中并未遭遇过歧视。遇到过的就业歧视主要包括种族歧视，约占23%，其次是性别歧视，约占18.4%，然后是学历歧视，约占15%，还有约9%其他类型的歧视问题。

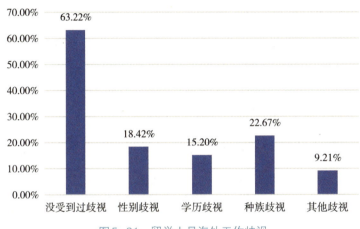

图5-21　留学人员海外工作歧视

4.留学人员海外工作搜寻时长

就留学人员毕业后找到第一份工作的搜寻时长分布来看，约20%的留学人员能在1个月内找到工作，近65%的留学人员能在3个月内找到工作，约90%的留学人员能够在半年之内找到工作。表明留学人员在海外寻找工作的难度不大，选择居留海外的留学人员可能在前期已做好了在海外进行工作搜寻的充分准备，在自身能力、家庭背景及校友资源等方面具有较好的基础支持。

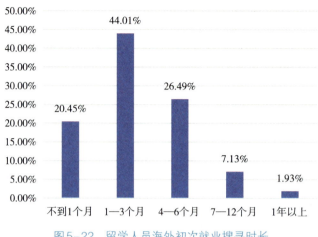

图5-22　留学人员海外初次就业搜寻时长

5.主要工作特征

本小节主要针对留学人员在海外最近一份工作或当前工作特征进行分析，主要包括工作地点、行业、单位类型与规模、薪酬、工作时长等内容。

（1）工作地点

留学人员海外工作地点与留学地点分布具有较强的一致性，分布最多的是美国，约占44%，其次是英国，约占13%，然后是澳大利亚、日本、韩国、中国香港特别行政区和新加坡等地。大多留学人员出于工作的考量选择留学地点，那么这一地点也就大概率是毕业后的工作地点，同时还有留学期间在当期积累的社会资本等也会吸引其留在当地。

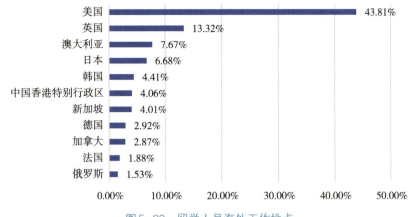

图5-23　留学人员海外工作地点

（2）行业分布

留学人员海外主要工作所处的行业中，分布最多的两个是信息传输、软件和信息技术服务业和金融业，占到了58%，其次是教育和科研等行业。随着新一轮科技革命的兴起，数字技术快速发展，数字经济时代加速到来，人工智能和大数据等繁荣发展需要相关行业的人才，这些领域也能带来优厚的薪酬，而成为劳动力市场中的热门行业，吸引着留学人才的大量涌入。这些行业的分布与国内工作行业分布具有较强的一致性，一方面是产业发展的同步，另一方面可能是留学人员在为后期回国发展铺垫，积累相关的工作经验。

图5-24 留学人员海外工作所在行业

具体而言，约76%的留学人员处于数字经济产业。细分来看，在数字经济产业工作的海外留学人员中，约有53%分布在数字产品制造业，21%分布在数字产品服务业，16%分布在数字技术应用业，6%分布在数字要素驱动业，4%分布在数字化效率提升业。与国内相比，更多分布在数字产业链的上游，具有更高的研发创新要求。

图5-25 留学人员海外所在数字经济产业类别分布

（3）单位规模与单位类型

从留学人员海外工作单位规模来看，留学人员中约21%的个体所在单位拥有的从业人员数量为50—100人，在100—200人的占18%，也有约18%的留学人员分布在1000—2000人的单位。总体而言，一部分分布在非大型企业，从以上分析也可知，留学人员多分布在信息技术行业和数字经济领域，这些领域的企业多为创新创业型，具有小而精的特征。另一部分，分布在晋升、薪酬福利和职业发展等更可能具有优势的大型企业。

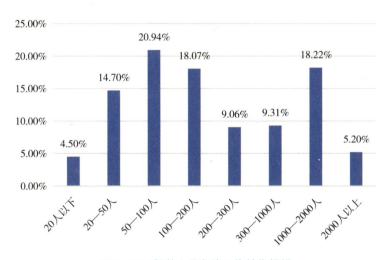

图5-26　留学人员海外工作单位规模

从所在单位的类型来看，将近70%的留学人员都分布在海外的非营利组织，基金会、大学、学院、组织、协会、组织、集团等单位，相对而言是更加稳定且发展更可期待的职业选择。

（4）工作时长

约66%在海外工作的留学人员周工作天数为5天，20.5%的个体平均每周工作6天，还有约12%的留学人员每周可以休息3天及以上时间。与国内相比，工作天数相对更少。这可能与海外的工作制度及规制执行力度和工作文化有关。

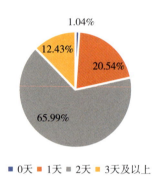

图5-27 留学人员海外工作周休息天数

从日工作时长来看，也是如此。约46%的留学人员在海外的日工作时长分布在4—8小时，33.6%分布在8—10小时，12%分布在10小时以上，8%分布在4小时以下。部分个体的工作时间已经超过了八小时工作制的要求，因其所处行业多分布在金融和信息技术服务业，这些行业的工作大多工作压力较大，普遍要求较长的工作时间。但总体而言，还是比国内工作时长略短。

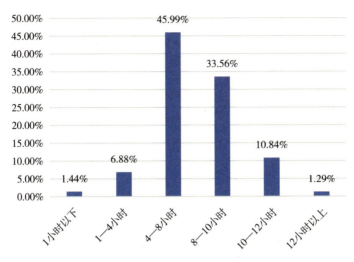

图5-28　留学人员海外日工作时长

（5）职位薪酬

留学人员海外工作获得的薪酬水平较高，约32%的留学人员在海外工作的年薪分布在20万—30万元，约32%分布在30万—50万元，22%分布在10万—20万元，8%分布在10万元以下，6.7%分布在50万元以上。与回国留学人员薪酬水平相比更高，一方面，选择居留海外工作的留学人员可能相对具有更高的人力资本和能力水平，另一方面，海外的人力资本回报也更高。

从留学人员在单位中所处的职位分布来看，21%的个体处于普通员工的职位，21%的个体成了基层管理者，29%的个体已晋升到中层，26%的个体为高层管理者。总体而言，职位分布较为均匀，多以处于管理岗位，更有机会留在海外工作的留学人员，自身也具有较高的受教育水平和能力。

图5-29　留学人员海外工作年薪（人民币，元）

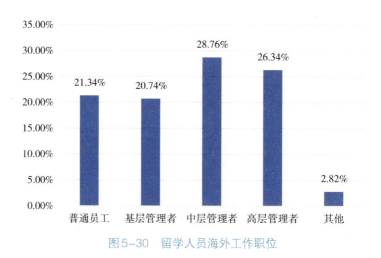

图5-30　留学人员海外工作职位

（6）工作搜寻时长与搜寻途径

从留学人员海外主要工作的搜寻时长分布来看，与毕业后在海外初次工作的搜寻时长分布具有较强的一致性，可能大多个体毕业时间较短，当前或最近一份工作即为毕业后初次工作。具体而言，约20%找到当前或最近一份工作所用的时间不到1个月，43%的个体搜寻时长在1—3个月，近27%的个体搜寻时长在4—6个月，约11%的个体搜寻时长在半年以上。

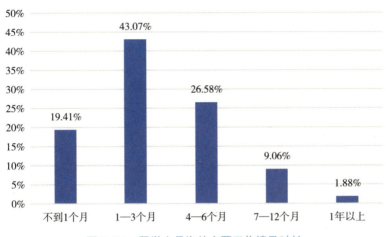

图5-31　留学人员海外主要工作搜寻时长

从搜寻途径来看，主要是依靠专业化的招聘求职网站或客户端、直接向用人单位申请，其次是通过人才交流会或招聘会，然后是依靠学校的推荐或就业指导机构，还有是通过分配调动、宣讲会等。

图5-32　留学人员海外主要工作搜寻渠道

6.创业情况

海外留学人员中约66%的个体曾经或正在创业，比回国留学人员创业比例略高。

拥有海外创业经历的留学人员中，约57%的个体对海外创业环境的评价为非常满意，28%的个体持满意的态度，认为创业环境一般的个体占13%，2%的个体对海外的创业环境持不满意的态度。总体而言，留学人员对海外创业环境的满意度较高，创业环境良好。与留学人员对国内创业环境满意度的分布相似。

从留学人员在创业过程中遇到的困难分布可以看出，研发水平有限、技术成果难以转化、创业服务不到位和融资困难是使创业人员感到困难最主要的四个因素。其次是人力成本和税务成本等因素，然后是行业竞争和市场拓展困难等。留学人员海外创业可能面临着资金投入、法律法规、市场环境熟悉程度等各个方面的困难和制约。

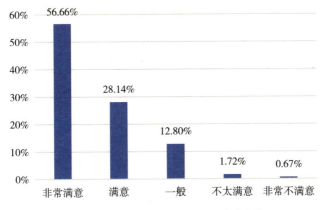

图5-33　留学人员海外创业环境满意度

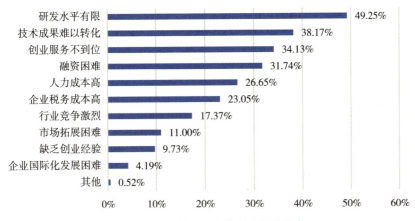

图5-34　留学人员海外创业困难分布

7.当前工作状态与未在业原因

从留学人员当前工作状态来看，约62%的个体处于在业状态，13%的个体处于失业状态，25%的个体退出劳动力市场，由于部分个体还处于在读状态，所以退出劳动力市场的比例较高。

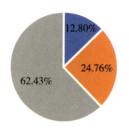

■ 失业 ■ 退出劳动力市场 ■ 在业

图5-35 留学人员当前海外工作状态

　　从失业或退出劳动力市场的原因来看，实践经验问题是最主要的原因，约40%的个体是因为缺乏实践经验而难以找到工作，36%当前没有工作的个体是因疫情影响无法外出实习，其次是招聘信息渠道的限制。留学人员在海外学习时期相对较短，语言文化差异及身份等限制，使其获得实习机会的可能性较小。另外，在疫情的冲击下，外出实习也面临着严重的阻碍。留学人员再升学或专业知识等限制也是造成个体未就业的主要因素。

图5-36 海外留学人员未在业的原因

8.收入状况

留学人员2021年的总体收入水平的分布形态较为均匀,年收入水平处于各个收入区间的概率约在20%左右,超过100万元的极高收入水平分布很少。总体而言,比留学回国人员的收入水平高。从另一个角度来看,留学人员在海外获得高收入水平的概率比国内高。

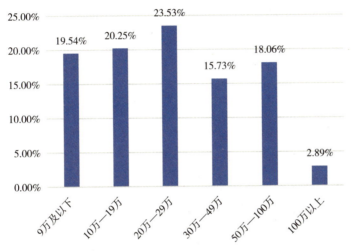

图5-37 海外留学人员2021年总收入(人民币,元)

(五)海外留学人才就业预期

本部分主要对当前未就业的海外留学人员的就业预期进行分析,包括期望工作地点、期望行业、期望单位类型、期望职位、期望薪酬水平和择业要素等内容。

1.期望工作地点

在海外未在业的留学人员中，约39%期望回到国内"北上广深"一线城市就业，27%期望留在留学地点工作，19%期望回到国内二线城市就业，12%期望留在中国其他地区就业，3.5%期望去其他国家就业。

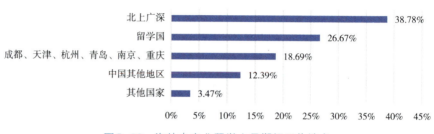

图5-38　海外未在业留学人员期望工作地点

2.期望行业

留学人员最期望从事的两个行业是金融业、教育和信息传输、软件和信息技术服务业，其次是科研和文娱等行业。可以看出期望行业的分布与海外留学人员现实主要工作所在行业的分布基本一致，都主要集中在金融、信息技术和教育等发展较为繁荣、经济回报较高的行业。

3.期望单位类型

从留学人员期望的就业单位类型来看，高校和科研机构是最受欢迎的，其次是三资企业、政府部门、事业单位和国有企业等，明显地趋向以稳定为特征的公共部门。留学人员通常具有较高的人力资本水平，海外教育背景也在高校科研机构更有优势。

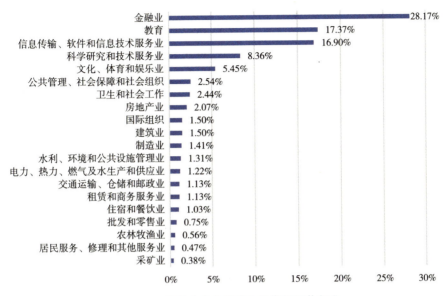

图5-39　海外未在业留学人员期望工作行业

图5-40　海外未在业留学人员期望工作单位类型

4.期望职位

海外未就业留学人员中，约16.6%的个体期望在单位中做普通员工，18%的个体期望成为基层管理者，30%的个体期望晋升至中层管理者，23%个体的期望职位是高层管理者。总体来看，较多留学人员期望的职位是中高层管理者，对职位晋升具有较大的期待，也有不少个体期望在基层担任管理者或普通员工，职位上的攀升是个体在工作中普遍追求的目标。

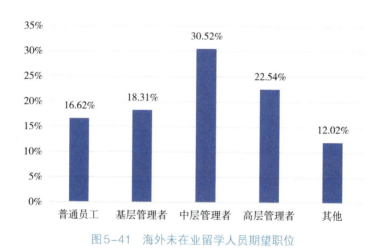

图5-41　海外未在业留学人员期望职位

5.期望薪酬水平

海外未就业留学人员中，24%个体的期望薪资处于10万—19万，34%的个体期望薪资能达到20万—29万，20%的个体期望薪资处于30万—49万，期望薪资在50万以上的个体约占16%。总体而言，超过一半的个体期望的以人民币计的税前薪资处于10万至

30万之间。从期望薪资的分布来看，大多个体的期望薪资水平是相对可实现的理性目标，而非盲目地追求高薪，工作与生活的平衡和适度是更为期待的状态。

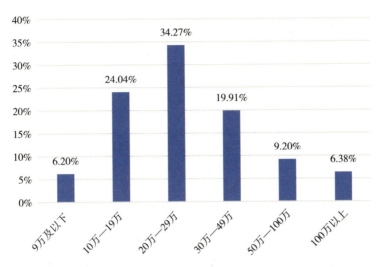

图5-42　海外未在业留学人员期望薪资（人民币，元）

6.择业要素

海外留学人员中，约40%的个体在择业时最为看重的要素是职业发展空间，36%的个体最看重薪资福利，10%左右的个体关注所在地区或专业，较少个体关注单位性质等其他因素。留学个体大多从长远的、发展的眼光选择工作，寻求的是长期发展而非短期利益。

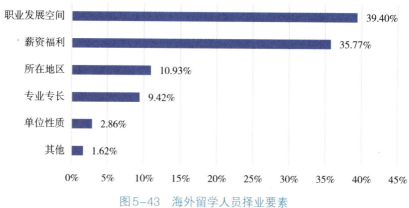

图5-43　海外留学人员择业要素

（六）侨情对海外留学人员的影响

1.心理状况

约61%的海外留学人员因新冠疫情、乌克兰危机等世界经济政治形势变化而产生思想和心理状态上的变化。具体表现为焦虑和抑郁情绪，约占45%，疑病心理约占32%，恐慌心理约占31%，散漫状况约占29%等。

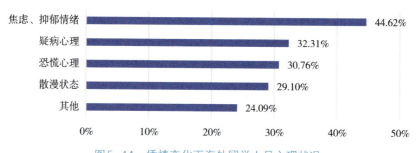

图5-44　侨情变化下海外留学人员心理状况

2.工作所受影响

约52.52%的个体工作受到了侨情变化的影响。具体表现为工作方式的转变，约占51%，降职降薪约占48%，失业停工约占44%，求职难度增加约占43%等。

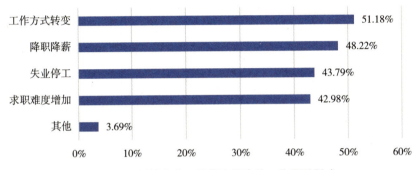

图5-45　侨情变化下留学人员海外工作所受影响

3.生活所受影响

约62%的海外留学人员生活上受到了侨情变化的影响。具体主要表现为社交问题，约占56%，情绪困扰约占54%，生命安全问题约占44%，学习适应问题约占38%。

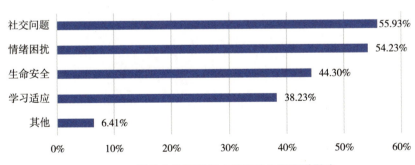

图5-46　侨情变化下留学人员海外生活所受影响

4.海外工作生活主要困难与建议

通过对留学人员在海外工作或生活面临的主要困难进行词频分析，可以看出，气候变化、物价上涨是最主要的问题，需要更多的资金支持；其次是生命安全、局势动荡不安、文化差异和生活习惯等问题。

针对这些问题，留学人员提出的建议和需求包括，一是增加奖学金支持力度，延长资助时间；二是增加航班数量，缩短隔离时间，降低隔离费用，精简回国流程；三是提供更多可靠、权威的求职渠道和信息来源，联合华裔企业更多开展求职活动，鼓励华人企业或银行可以面向中国留学生开放实习岗位；四是开展留学人员国内专场招聘活动，放宽对留学生毕业时间、专业、院校排名等限制；五是领事馆提供心理疏导支持，举办交流会，邀请海外优秀学生分享生活和学习经验；六是提供房屋住宿信息等。

图5-47　侨情变化下留学人员海外工作生活主要困难词云图

5.防疫态度

约67%的留学人员认为国内的防疫政策效果更好，约17%的留学人员认为国外的防疫政策效果更好，约16%认为二者效果差不多。约57.5%的留学人员更愿意在国内防疫政策下工作和生活，28.6%更愿意在国外，14%认为两者差不多。

具体而言，留学人员对国内外防疫政策的看法包括：认为国内外防疫政策是符合各自国情与经济社会背景下的选择。总体来看，国内防疫政策更加严格，很好地保障了人民生命安全。

6.回国意愿

当前形势下，约75.5%的海外留学人员更愿意回国工作。就留学人员的回国意愿变化情况来看，约62%的个体回国意愿比之前有所增强，25%的个体更想留在国外，12.6%的个体回国意愿未发生明显变化。

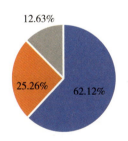

■ 更想回国工作 ■ 更想留在海外工作 ■ 没有变化

图5-48　侨情变化下海外留学人员回国意愿变化

当前，留学人员回国工作面临的主要困难在于：疫情影响下，国内招聘岗位减少，就业竞争激烈；回国需重建社会关系网络；就业信息获取渠道有限；国内职场文化，在性别、年龄等方面存在歧视或限制；疫情下回国不够便利，往返时间和金钱成本较高；毕业时间与国内校招时间衔接问题，容易错过招聘季，不满足应届生身份等。

据此，提出的意见和需求包括：提供更多就业信息渠道，设立留学人员就业专区，增加线上实习机会；改善员工工作福利，增加休息时间，降低劳动者维权成本，对企业用工中的不合理合规、侵犯劳动者权益行为进行严格监管；提高科研人员待遇，尤其是青年学者工资待遇，优化学术生态环境；放宽就业市场上的年龄限制；优化防疫政策，简化回国流程，降低回国成本；加强奖学金支持力度；扶持小微企业发展等。

（七）追踪意愿

近80%的受访者表示愿意明年再次接受追踪调查。

六、国内主要城市引进留学归国人才政策总结

（一）东部地区

（二）中部地区和东北两省

（三）西部地区

2021年中央人才工作会议后，人才强国战略、人才工作尤其是引进国内外智力被进一步强调。截至2022年3月，全国31个省级行政区已经有29个开展了省级人才工作会议。因此，本文旨在总结各省级行政区重要城市针对留学归国人才的引进政策，重点关注中央人才工作会议后的2021-2022年度。各地吸引留学归国人才措施大致可分为落户政策、安置补贴、创业奖励、家属安置和生活保障五类。

（一）东部地区

东部地区包括11个省（直辖市）：北京、天津、河北、辽宁、上海、江苏、浙江、福建、山东、广东和海南。

1.北京

北京市有关引进留学归国人才的政策早已有之。2009年5月，国务院侨务办公室发布了《北京市促进留学人员来京创业和工作暂行办法》和《北京市鼓励海外高层次人才来京创业和工作暂行办法》。前者针对在国外取得硕士及以上学位、出国前已具有中级及以上专业技术职务、出国前取得博士学位，出国后进行博士后研究或进修的人员开放了一系列优惠政策，包括给予创业人员10万元企业开办费、政府部分或全部贴息支持企业贷款、免征部分领域营业税、给予住房补贴、子女教育补贴、配偶生活补贴等一系列支持①。后者针对的主要是在海外取得博士学位，并且在国外著名高校、国际知名企业、国际组织等有过工作经验的专业水平高、发展潜力大的优秀人才，对比前者，对于高层次人才的优惠政策更加注重因人而异，政策上鼓励各用人单位根据本单位情况破例为海外归国人员提供不受本单位限制的编制岗位、科研经费、绩效考核方式等。并且其落户、归籍、子女入学都享受优先处理②。

2014年，北京市颁布了《关于进一步加强我市留学人员就业创业服务有关工作的通知》，通知主要针对在留学前便具有北京市常住户口（但不含集体户口），留学后仍在北京居住就业的在境外高校取得大专以上学历的人员。一方面，通知明确了留学归国人员在人事档案方面的各种情况处理方式；另一方面，北京市对这类人员同样给予财政贴息、创业资金支持、优秀人员资金支持、人才引进计划优先推荐等优惠措施③。

2021年中央人才工作会议后，北京市颁布了《进一步简化本市高校毕业生就业手续优化就业服务的通知》，在简化就业手续、取消重复体检、优化就业服务三方面进行了相关简化规定，此通知同样适用于归国留学人员。

---

① http://www.gqb.gov.cn/news/2009/0527/1/14133.shtml
② http://www.gqb.gov.cn/news/2009/0527/1/14132.shtml
③ http://www.beijing.gov.cn/zhengce/zhengcefagui/201905/t20190522_58053.html

2. 天津

2018年，天津颁布了海河英才行动计划。在落户方面，大幅降低人才落户门槛，学历型人才、资格型人才、技能型人才、创业型人才、急需型人才落户采取直接落户、照单全收的政策；在创业支持方面，将留学归国人员创办的企业分为重点类支持企业、优秀类支持企业和关注类支持企业，分别给予50万、20万和10万元的一次性启动资金支持①。

2021年8月，天津市委市政府发布重磅人才政策《中共天津市委、天津市人民政府关于深入实施人才引领战略加快天津高质量发展的意见》（以下简称《意见》）。在落户方面，《意见》提出，具有中国国籍的本科以上学历留学回国人员，可以直接在天津落户；在家属安置方面，其随归、随迁的配偶、子女办理加入或恢复中国国籍并落户天津手续也会得到优先办理。《意见》还对加快培养高水平人才队伍、精准扶持人才创新创业、营造人才发展生态体系、构筑更具竞争优势的发展格局提出了翔实建议。《意见》同时提出了未来天津市的人才目标：计划5年内培养500名市级领军人才、1000名行业领军人才、2000名区域领军人才，助推更多领军人才入选国家级人才计划工程②。

3. 石家庄

2021年2月，石家庄人民政府提出《关于高质量建设人才强

---

① https://www.sohu.com/a/398224469_753224

② https://www.tj.gov.cn/zwgk/dzhhxx/202204/t20220424_5865644.html

市的实施意见》，提出要加大海外人才引进力度，建立常态化海外引才机制。同时，在北京、上海等地设立引才服务站，实施人才"二次引进"；选聘10名海外引才大使，推介石家庄市人才政策和发展环境；推进国际学校、国际医院、国际社区建设，为外国人才及海外留学人员提供落地、创业、交流等一站式服务[1]。

2018年，石家庄政府出台《关于实施现代产业人才集聚工程的若干措施》，其中对于海外人才的优惠政策进行了进一步规定，将世界排名前500名国（境）外院校的全日制硕士学位研究生、一流大学和一流学科及世界排名前500名国（境）外院校全日制学士学位毕业生，作为人才绿卡B卡服务对象，自到石家庄市工作之日起5年内每月分别享受2000元、1500元、1000元的房租补助，在市域内购买首套自用商品住房的，不受住房限购政策限制，分别给予博士15万元、硕士10万元、学士5万元的一次性购房补贴[2]。

2020年11月的《名校英才入石计划》为世界排名前500名国（境）外院校的全日制学士学位及以上优秀毕业生提供了如高校教师、医生、公务人员等岗位报考[3]。

4.大连

自2019年4月大连市制定《大连市留学回国人员创新创业支持计划》起，每年大连市都要开展当年大连市留学回国人员创新

---

① http://rsj.sjz.gov.cn/col/1646986016024/2022/03/11/1646988033002.html

② http://zt.yzdb.cn/html/201841163702.html

③ http://rsj.sjz.gov.cn/col/1505457347148/2021/11/06/1636156752831.html

创业支持计划（以下简称"留创计划"）资助项目。"留创计划"针对的是在国外取得大学本科以上学历或在国内具有本科以上学历，到国（境）外高等院校、科研机构进修1年以上，并取得一定成果的访问学者和进修人员。主要支持方法是经过组织申报、个人申请、单位初审、地区审查、推荐上报的程序流程后，选拔出创新类项目，即具有广泛应用前景、新技术研发和某一学科领域具有先进水平的留学回国人员创新活动项目；创业类项目，即留学回国人员创办的发展潜力大、市场前景良好、处于初创或初始期企业的项目，每项给予30万元资助；配套类项目，申报项目已获批上一年度人社部、省人社厅留学回国人员创新创业项目资助的，不需重复申报，每项给予不低于1∶1的资金配套，每项给予最低20万元资助；优秀类项目。申报项目符合国家和大连市重点战略需求、对大连市重点产业行业发展发挥关键和带动作用的，从上述3类项目中遴选，每项最高给予100万元资助①。

5.上海

2020年，上海市颁布了《留学回国人员申办上海常住户口实施细则》，细则中针对的留学归国人员是在国（境）外高水平大学学习过并取得了硕士博士学位的人员（高水平大学范围为各大教育榜单公布的世界排名前500名高校）。在落户方面，经过上海市人力资源和社会保障局认定为高层次留学人才的在上海全职后可

---

① https://rsj.dl.gov.cn/art/2021/2/5/art_4381_1376997.html

直接办理落户；重点产业区域引进的留学人员在全职工作并缴满6个月社保后可申办落户；留学人员作为第一大股东创办一定规模企业后（注册资金不少于50万元人民币、招用至少1名员工）在缴满6个月社保后可申办落户。对于留学归国人员家属落户，细则也有规定，符合落户条件的留学回国人员，其配偶（须在留学人员学成回国前与其结婚，年龄距法定退休年龄5年以上）和16周岁及以下或16周岁以上、在普通高中就读的子女属随迁范围，也可办理落户[①]。

2021年2月，上海市印发《鼓励留学人员来上海工作和创业的若干规定》，适用于来上海工作和创业的留学人员，包括入外籍以及从港澳台地区出国的留学人员，并且重点引进战略性新兴产业和重点项目紧缺急需的高层次留学人员。不仅进一步明确了留学归国人员及其配偶子女的落户优惠政策。在其他方面，留学归国人员也享有一系列优惠政策，比如：未入外籍留学人员可参加由上海市公务员局组织的针对留学生的公务员考试；留学人员的薪酬可以根据其所任职务和个人贡献由聘用单位和个人协商决定，不受单位绩效工资总量限制；留学人员的住房可以由聘用单位和本人协商解决，提供租房补贴及实物房源租赁；表彰在工作创业中做出杰出贡献的留学人才，营造尊重人才的良好氛围[②]。

---

① https://www.shanghai.gov.cn/202102gfxwj/20210129/8b43148eec5b433d8fcbb4a6e6e2618c.html

② https://www.shanghai.gov.cn/nw12344/20210205/3130a0e7906547a3b5e5602d3176be40.html

6.杭州

2001年杭州颁发了《杭州市人民政府关于进一步鼓励出国留学人员来杭创业的若干意见》，对留学归国来杭创业提出了一系列的优惠政策，凡被认定为高新技术产业化项目、产品和高新技术企业享受政府相关文件规定的优先解决投资立项、融资、孵化用房、土地征用等扶持政策；在落户方面，持中国护照的留学人员，愿意在杭落户的，不受出国前户籍所在地的限制，公安机关凭《杭州市留学回国人员工作证》，按有关规定办理落户手续。外籍留学人员凭《外国专家证》，可办理本人及其外籍直系亲属的《外国人居留证》；根据本人意愿，也可申请在杭定居；符合在华永久居留条件的，可申请在杭永久居留。留学人员的直系亲属可按有关规定随迁在杭落户。随迁的国内直系亲属系农业户口的，可准予在落户地办理"农转非"。同时，从事高新技术成果转化的留学人员在杭取得的工薪收入及外籍或取得海外永久居留权的留学人员在杭合法收入可以适用相关规定进行税收减免；另外，具有硕士以上学位或中级以上职称的留学人员带高新技术成果、项目来杭实施转化、研究的可一次性获得10万元以下的创业资助资金，对进站博士后市政府给予每人5万元的一次性科研补助经费[1]。

2021年，杭州印发了《高层次留学回国人员在杭创新创业项目资助的通知》，是《杭向未来·大学生创业创新三年行动计划（2020—2022年）实施细则》发布后的第二年。资助目标为在国

---

[1]　http://www.hangzhou.gov.cn/art/2019/7/19/art_1665955_5984.html

（境）外学习并获得硕士及以上学位的留学生或在国内取得本科以上学历，并在国（境）外取得一定成果的博士后、访问学者和高级研究学者。对审批通过的创业项目提供市级就业专项资金支持①。

7.南京

2018年，南京市颁发《南京市关于大学本科以上学历人才和技术技能人才来宁落户的实施办法》，取得研究生以上学历或年龄在40周岁以下且取得本科学历的毕业生（含留学归国人员）、取得中级以上（含中级）专业技术资格人员、取得三级以上（含三级）国家职业资格（技能类）人员，符合以上三种情形之一的人才，均可申请户口迁入南京市城镇地区，在户口层面加大了吸引人才的力度②。

2021年南京公布《南京市高层次创业人才引进计划申报奖励扶持政策》，按照人才层次高低，分别规定了A—F的六种层级，其中A类人才一人一策、一事一议，其他人才分别给予不同大小的共有产权房、不同金额的购房、租房补贴，并享受相应的创新创业资助、人才安居、子女教育、医疗等扶持政策，在健康服务保障、体育健身和便利服务都有相应的优惠措施③。

---

① http://www.hangzhou.gov.cn/art/2021/4/25/art_1229063429_3868245.html

② http://gaj.nanjing.gov.cn/njsgaj/201810/t20181021_502689.html

③ http://sw.nanjing.gov.cn/zyfb/swwj/202004/t20200423_1951305.html

8.福州

2022年3月，福州市印发《引进高层次优秀人才办法的通知》（以下简称《通知》），站位高远，明确提出要加快把福州建设成人才中心和创新高地。由两院院士到各重大项目、支柱产业、新兴产业的特别急缺人才，可谓海纳百川。福州市对于国外人才以及归国留学人才极为重视，《通知》特别提出，要拓宽引进人才渠道，发挥用人单位主体作用，鼓励用人单位灵活采用调动、聘用、合作等多种方式引进国内外高层次优秀人才；要鼓励和支持留学归国人员来榕创业。在创业支持的实际行动上，福州市也奋起直追，《通知》规定，来榕发展创业的留学归国人员，经认定，给予5万—30万元的创业启动资金支持；对特别优秀并带项目、带资金、带团队来榕发展的，经认定，给予50万—200万元的创业启动资金支持，可谓力度颇大；在资金激励方面，福州市不仅每月给予各个高层次人员从800元到10000元不等的生活津贴，还会分五年给予从20万到200万不等的一次性人才配套补贴；在安置方面，福州市政府为高层次优秀人才提供人才公寓、租房补贴、购房补贴；在家属待遇方面，其配偶按照身份或专业对口原则，由市政府职能部门负责、协助安置；义务教育阶段及学龄前随迁子女由市教育部门安排优质学校入学入园机会一次①。

---

① http://www.fzja.gov.cn/xjwz/qzfc/bslc/jyj_50015/202003/t20200311_3216992.htm

9.厦门

2022年2月，厦门市人力资源和社会保障局发布了《关于开展2022年度高层次留学人才回国资助试点工作的通知》，厦门市明确表示此次资助试点围绕加快建设世界重要人才中心和创新高地进行。其资助目标也较为具有针对性，资助对象为具有中国国籍、国（境）外博士学位、2017年1月1日后回国等条件的人员，并且择优推荐曾在国外著名高校、科研院所、跨国公司、国际组织等机构担任副教授（副研究员）以上专业技术职务或高级管理职务，并取得显著成果的留学回国人才[①]。

资助力度根据2021年厦门市发布的《厦门市留学人员科研项目与交流活动经费资助管理办法》给予配套资助。科研项目方面，厦门市将留学人员从境外带来的科研项目分为三档：重点类、优秀类和启动类，分别给予15万元、10万元和5万元资助金额；项目配套资助方面，对获得省级以上留学人员专项科研启动经费的项目原则上按1：1提供最高不超过30万元的配套资助；交流活动方面，各个企事业单位应该开展留学人员引才引智活动，按每邀请一位留学人员最高不超过2000元标准补贴费用。同时，在限额内的交通、住宿、餐费、讲课费等都可以按照实报实销的方式审批报销[②]。

---

① https://hrss.xm.gov.cn/xxgk/zfxxgkzl/zfxxgkml/qtxx/rcfw/202202/t20220218_2626833.htm

② https://credit.xm.gov.cn/zcfg/xmfg/202109/t20210930_2587916.htm

10.青岛

2009年6月，青岛宣布全面启动"300海外高层次人才引进计划"，在3年到5年内，青岛市拟从海外引进300名制造业、服务业和海洋科研等领域的高层次优秀人才。这300多名人才都是未来产业发展急需的高端人才职位，年薪最高为300万元，政府配之以项目资助、住房补贴等措施，面向全球招揽高端人才，涉及机械制造、金融管理、新材料科学等十大类别。每年将从市财政中拿出3000万元作为人才引进专项基金。对于符合规定的人才，将一次性给予30万—100万元的购房安家补贴；对于带技术、带项目、带资金来青岛创业的优秀归国留学人员和创新团队，一经认定，将一次性给予50万—200万元的创业启动资金；对于引进的优秀海外科技人才，其创新创业项目经市科技主管部门组织认定，符合科技资金支持条件的，将从市科技财政专项资金中给予30万—100万元的科研项目启动资金[①]。

2021年3月，青岛市人力资源和社会保障局发布了《关于实施青年人才在青创新创业一次性安家费政策有关问题的通知》，留学归国人员如果满足以下几项条件，就能申领一次性安家费，分别是：获得了硕士或博士学位；博士研究生年龄40周岁（不含）以下，硕士研究生年龄35周岁（不含）以下；在青岛市就业创业；于2018年6月6日以后在青岛市购买了唯一商品住宅。安家费补贴标准为：博士研究生每人15万元，硕士研究生每人10万元，一次

[①]　http://sydney.china-consulate.gov.cn/xbwz/zlgdt/202204/t20220429_10678694.htm

性给予发放①。

另外，为了解决留学归国人员不能充分发挥专长的问题，青岛市特别出台政策，允许用非所学、用非所长、缺少开展工作必需的基本条件等原因，在原工作单位不能充分发挥专长的留学回国人员在青岛市、山东省，甚至可以进京调入中央国家机关及其所属单位工作②。

11.广州

2012年广州市公布《广州市鼓励留学人员来穗工作规定》（以下简称《规定》）后，几经修改，2019年已经是第三次修改，可以看出广州市推陈出新、与时俱进的留学归国人员吸引计划。《规定》中的优惠待遇针对的是取得国外硕士及以上学位的人员以及在国内取得研究生以上学历或者硕士以上学位后，到国外进修、做访问学者1年以上，或者从事博士后研究，取得一定科研成果的人员。优惠政策涵盖了各个方面，其中，在留学归国人员创业方面，市政府设立留学人员创业专项扶持资金，用于资助留学人员；如果创办的企业被认定为高新技术企业，享受高新技术企业的优惠待遇；市政府鼓励和扶持留学人员创新创业基地建设，并且选拔其中优胜者提供奖励；在随迁家属方面，来穗定居的留学

---

① http://hrss.qingdao.gov.cn/zcfg_47/zcjd_47/202206/t20220613_6134628.shtml

② http://hrss.qingdao.gov.cn/zcfg_47/flfggz_47/202206/t20220613_6133502.shtml

人员及一同随迁的配偶、未成年子女，可以凭《广州市区入户卡》与市人力资源和社会保障部门出具的相关证明，到公安机关办理入户手续；在住房安置方面，在海外取得博士学位或是其他经过认定的留学人员，可以申请从留学人员专项资金中提供的安家补助费[①]。

留学人员归国落户问题，广州市的规定如下：具有国（境）外学士学位及本科学历或国（境）外硕士（含）以上学位并且在规定部门工作的，可以进行落户申请。其中，博士生年龄须在50周岁以下（含50周岁）；具有国（境）外硕士学位的留学人员，年龄须在45周岁以下（含45周岁）；具有国（境）外学士学位及本科学历的留学人员，年龄须在40周岁以下（含40周岁）[②]。

12.深圳

2016年，深圳市人民政府发布《深圳市户籍迁入若干规定》（以下简称《规定》），其中，将留学归国人员划分为人才引进迁户的范畴。《规定》指出，在国（境）外学习并获得学士以上学位的留学人员，或在国（境）外高等院校、科研机构工作（学习）1年以上、取得一定成果的访问学者和博士后等进修人员，年龄要求为45周岁以下[③]。

---

① https：//www.gd.gov.cn/zwgk/wjk/zcfgk/content/post_2530594.html

② https：//www.gdzwfw.gov.cn/portal/v2/guide/11440100696927671X34421118 91001

③ http：//www.sz.gov.cn/gkmlpt/content/7/7786/post_7786810.html#20044

深圳市还有吸引海外高层次人才的《孔雀计划》，海外高层次人才是指企业技术与创新创业、科研学术与教育卫生、文化艺术与体育三个领域的国（境）外高级专家和留学回国人员，其中留学归国人员分为A、B、C三类，分别给予300万、200万、160万人民币，其中，C类人员为在境外知名大学获得博士学位并在深圳工作三年的人员等[1]。

在住房补贴方面，深圳市也有相关规定，根据《深圳市新引进人才租房和生活补贴工作实施办法》《深圳市出国留学人员创业前期费用补贴资金管理办法》，具有本科以上学历的即可申请新引进人才租房和生活补贴，对于留学归国人员，其年龄限制已经放开，只要具有深圳户籍，缴纳社保并且本人未享受过购房优惠政策的可以申请[2]。

13.海口

海口市的人才落户政策是高校和职校毕业生以及海外留学归国的本科以上毕业生可以凭借学历证明直接将户口迁移到海口[3]。

2021年海口市人民政府办公室发布了《关于调整我市购房和人才落户政策的通知》，将海口市的购房政策调整为海南省户口人员累计缴纳12个月及以上社保即可购买第一套住房，之后36个月

---

[1]　https://cnvisa.org.cn/v/zhengce/zcwj/1058.html

[2]　https://www.gdzwfw.gov.cn/portal/v2/guide/11440300695583248534405110260001

[3]　https://wssp.hainan.gov.cn/hnwt/handlingGuideline?id=973051.0&sourcekey=null

后可以购买第二套住房；未落户人员只要提供在海南省累计24个月以上的缴税及社保记录，即可购买一套住房①。

（二）中部地区和东北两省

中部地区包括8个省：山西、吉林、黑龙江、安徽、江西、河南、湖北和湖南。

1. 太原

2021年11月，中国山西留学人员创业园开始受理新一批留学人员及相关企业入园申请，与此同时，新修订的《山西转型综合改革示范区鼓励留学人员创新创业办法》（以下简称《办法》）同时开始实行，明确每年度要安排不低于2000万元资金用于鼓励和扶持留学人员创新创业，重点支持以"留创园"为载体开展的留学人员创新创业服务工作。申请入园的留学人员应具备的条件为，在国外高等院校、科研机构取得国家承认的学士及以上学位的留学生，其中学士学位要求为权威机构最新公布世界排名前500名大学（不含境内），硕士及以上学位无排名要求；在国内取得硕士及以上学位且具有硕士研究生及以上学历或取得中级及以上职称，并到国（境）外高等院校、科研机构做访问学者或博士后满一年

---

① http://news.hainan.net/hainan/yaowen/yaowenliebiao/2021/09/18/4610824.shtml

的人员；在港、澳、台学习或具有外国国籍（取得外国永久居留权）的同等条件人员。《办法》规定，每年山西将安排不低于2000万元用于鼓励和扶持留学人员来山西综改示范区创新创业。专项资金主要用于留学人员创新创业启动支持计划、"留创园"场地房屋租赁、物业、冷暖空调等相关费用以及"留创园"创新创业环境和氛围营造①。

2.吉林

2021年，吉林为了实施更加积极、更加开放、更加有效的人才政策，强化人才与产业对接，吸引、集聚和用好各类人才及团队有效融入和引领吉林经济社会发展，吉林省委省政府印发《关于激发人才活力支持人才创新创业的若干政策措施（2.0版）》，其中对留学归国人员也有相关优惠政策。在人才落户方面，留学归国人员可不受购房、就业、缴纳社保年限等条件限制，直接到工作地公安机关申请落户，且配偶、父母、子女可申请随迁落户；在安家费方面，引进人才首先需要与用人单位签订5年以上的聘用合同。吉林将人才分为A—E五类，分别给予从3.5万元到240万元不等的安家费；在住房补贴方面，E类及以上人员可连续三年免费入住人才公寓，另外对于自行租住的人才，三年内根据人才类别每年发放1—4万元的租房补贴；家属安置方面，D类以上人才的配偶采用一事一议、对口相适的原则，原则上职级待遇不变，C、

---

① http://www.taiyuan.gov.cn/doc/2021/11/05/1204014.shtml

D类人才的子女由教育部门统筹安排，A、B类人才的子女安排在人才工作所在地，并且按每名人才子女不高于3万元的标准给予就学补贴；在人才的个人激励方面，分别按照级别给予人才个税奖励、薪酬激励、职称评聘激励、荣誉激励等；在支持人才创新创业方面，每年选取50人给予最高50万元人才资助，对特别重大项目的带头人，最高扶持100万元，在贷款上也会根据企业类型和人才级别给予400万元以下的贷款并且视情况取消担保、减少利息[①]。

3. 哈尔滨

2020年，哈尔滨市人民政府印发《鼓励来哈就业创业落户若干政策的通知》(以下简称《通知》),《通知》指出，引进并落户的博士毕业生，每人每月发放生活补贴3000元，每人发放一次性安家费10万元，在哈购房时发放一次性购房补贴10万元，硕士毕业生每人每月发放生活补贴2000元，每人发放一次性安家费3万元，本科毕业生，每人每月发放生活补贴1500元；对在9城区内企业新就业并落户的毕业5年内全日制普通大专、中专、全日制技工院校毕业生，每人每月发放生活补贴700元。生活补贴连续发放3年；在创业支持方面，可申请最高不超过20万元的创业担保贷款。其中，对从事科技类创业的，贷款额度最高不超过50万元；在家属安置方面，人才子女统筹安排进入普惠性幼儿园及公办义务教育学校，并且取消人才父母的投奔子女落户限制，统筹协调

---

① http://www.jl.gov.cn/zw/yw/jlyw/202102/t20210208_7938316.html

各级养老机构提供服务保障。并且可以与本市居民享受免费乘坐城市公交、地铁的政策①。

4.合肥

2019年，合肥市修订了《合肥市留学回国人员创新创业扶持计划实施细则》，计划包括"留学人员创新项目择优资助计划"和"留学人员来肥创业启动支持计划"。自计划实行开始，每年从各类企事业单位从事创新创业且回到国内时间不超过5年、年龄在40周岁以下的留学回国人员中遴选出10个左右创新科研项目、10家左右创业企业进行扶持。申报条件为在境外取得硕士及以上学位的留学归国人员，或在海外高校、科研机构、企业有2年以上的正式教学、科研和工作经历。其奖励金额为：入选"留学人员创新项目择优资助计划"项目的，分三个档次分别给予10万元、15万元和20万元资助，主要用于项目的研发、运作和团队建设等；入选"留学人员来肥创业启动支持计划"项目的，分三个档次分别给予20万元、30万元和50万元资助，主要用于企业科研成果转化、开拓市场、贷款贴息、人才引进和团队建设等②。

2021年，安徽省印发了《关于建立引进海外高层次人才和急需紧缺人才职称评审绿色通道的指导意见》，此绿色通道针对的是从海外引进的未能及时参加主管部门评审或具有重大突出贡献但不具备职称申报的学历资历要求的。这类人才如通过绿色通道评

---

① http://www.harbin.gov.cn/art/2020/7/3/art_13790_17856.html

② https://www.hfuu.edu.cn/rczx/12/0b/c6699a70155/page.htm

审，可不受单位岗位结构比例限制，"一事一议"，接收聘任①。

5.南昌

2013年，南昌市发布了《留学人员创业园管理暂行办法》，创业园旨在运用先进的国际企业孵化器管理理念和管理方法进行管理，提供良好的软硬件设施和完善的服务功能，为留学人员入园进行高新技术研发、创办高新技术企业营造良好的政策环境、科研环境、经营环境及生活环境，培育有高度创新能力和强劲市场竞争力的科技企业和现代企业家。取得国外学士以上学位的人员在国内创办高新领域、发展类产业企业后，可以申请入住留创园。入住后，办公用房三年内免收房屋租金，其中博士不超过200平方米，硕士不超过150平方米，硕士以下不超过100平方米。生活用房有高层次人才规划建设高新区人才公寓，租用面积不低于100平方米②。

2020年6月，南昌市发布《关于支持大学毕业生和技能人才来昌留昌创业就业的实施意见》（简称南昌"人才10条"政策），2021年，中共南昌市委人才工作领导小组发布了《关于调整南昌人才政策的补充规定》，《规定》指出，在南昌落户、签订合同、缴纳社保之后，博士、硕士、本科、大专毕业生分别可以获得一次性生活补贴费用5万元、3万元、2万元、1万元，未落户的缴纳

---

① http://hrss.ah.gov.cn/zxzx/gsgg/8455133.html

② http://rsj.nc.gov.cn/ncsrsj/gkgsgg/201806/112b142c50d64e9aaf014cf7e754ac
ba.shtml

6个月社保后可按照相同标准申领生活补贴；在住房补贴方面，各类重点产业企业人才、研发机构人才以及南昌市引进的人才可不受落户限制购买首套住房，博士、硕士首次购房分别给予10万元、6万元购房补贴[①]。

6. 郑州

2022年4月，郑州市人民政府颁布了《郑州10条"青年人才新政"》，在落户方面，在"郑州人才计划"现有政策基础上，进一步放宽优秀留学归国人员申领青年人才补贴户籍限制，对申报重点产业急需紧缺人才给予加分支持；在安家补贴方面，郑州市持续推行青年人才补贴政策，对毕业3年内（海外留学优秀人才毕业6年内）来郑工作的全日制博士研究生、35周岁以下的硕士研究生、本科毕业生和技工院校预备技师（技师），按每人5.4万元、3.6万元、1.8万元的标准发放生活补贴；在家属安置方面，郑州市"线上+线下"融合互联，"一窗受理、一网通联、一次办好、一周办结"，为各类人才提供便捷高效、舒心顺心的全周期全方位服务，提供更好的教育、医疗等服务，切实把人才服务打造成金名片。尤其是教育方面，保障学前和义务教育资源供给，满足青年人才子女教育需求，确保"应入尽入"[②]。

---

① http://nchdz.nc.gov.cn/ncgxq/ncrcst/202111/1f8267cb3c514ccda9163c00488d9341.shtml

② https://www.henan.gov.cn/2022/04-18/2433705.html

7.武汉

2014年，武汉市印发了《关于办理在汉就业创业普通高校毕业生落户的实施细则》,《细则》规定，毕业超过2年的经教育部认证的本科及以上学历（或者学位）留学回国人员，具备以下条件可申请落户：（一）本科学历年龄在35周岁以内、研究生学历年龄在40周岁以内；（二）在武汉市有合法固定住所；（三）在武汉市企事业单位就业，签订劳动合同，缴纳1年的社会保险或者自主创业且本人为法定代表人[①]。

2019年，武汉市发布了《关于开展2019年度中国留学人员回国创业启动支持计划申报工作的通知》，申报条件为具有留学经历，并且在海外获得了硕士及以上学位，且2016年后在武汉市创办企业并纳税。计划重点资助的是先进装备制造、人工智能、大数据、新材料、现代医学与前沿生物、清洁能源等领域的留学创业人员[②]。

2022年，武汉市发布《武汉市海外高层次人才引进补贴及优惠政策》，在落户方面，符合要求的海外高层次人才可办理落户，其随迁子女、配偶可办理随迁落户手续；在奖励方面，武汉市依标准将人才分为三类，分别奖励300万、200万、160万元人民币；在家属安置方面，其配偶可以一人一事，不受本地编制约束，其子女可由教育部门结合实际情况安排进入小学、初中，减免其子女高中教

[①] http://rsj.wuhan.gov.cn/wechat/zcfg/202012/t20201215_1557920.html

[②] http://rsj.wuhan.gov.cn/zwgk_17/zc/qtzdgkwj/tzgsgg/202001/P020200108504619000833.pdf

育费用，有限录取其子女进入本市高校；在生活方面，海外高层次人才享受税收减免、医疗保健、保险办理等方面的福利①。

8.长沙

　　长沙市在落户方面，国（境）外学习并取得学士及以上学位拟来长创新创业的留学归国人才，可持相关证件到迁入地派出所直接办理落户；在安置补贴方面，每名人才可在"长沙青年人才驿站"申请两次免费入住，每次7天，确认在长沙工作的人才可以分两年领取相应补贴，其中博士10万元、硕士2万元、学士1.2万元；在购房补贴方面，留学归国的博士、硕士在工作一年以上且购买首套房的情况下，可以分别获得6万元、3万元的购房补贴；在家属安置方面，人才子女由相关教育部门统筹安排入学，其中A、B、C类高层次人才子女入学，可在市县两级公办中小学校、幼儿园选择就读入园，D类高层次人才子女就读义务教育阶段学校，根据人才意愿和实际情况，按照相对就近原则，统筹安排，其配偶则由相关部门根据其工作经历、学历、个人意愿等情况优先推荐、统筹安排；在创业支持方面全市每年择优确定20个优秀留学归国人才创业项目，按不超过其实际有效投入的50%，给予每个项目最高50万元项目扶持资金。另外，A、B、C、D类人才客户额度最高分别为300万元、200万元、100万元、100万元，以人才创办或控股企业申请的，额度最高可达500万元，同一年度最

---

①　https://www.qyv.cn/neirong/773

高可达2000万元^①。

（三）西部地区

西部地区包括12个省（自治区、直辖市）：内蒙古、广西、重庆、四川、贵州、云南、西藏、陕西、甘肃、青海、宁夏和新疆。

1. 呼和浩特

在落户方面，2021年4月，呼和浩特市印发了《呼和浩特市进一步推进城镇落户的若干措施》，《措施》指出，呼和浩特要提升人才落户服务水平，大中专毕业生、留学归国人员、专业技术人员申请落户，不受合法稳定住所、合法稳定就业、参加城镇社会保险、居住年限等条件限制^②。

2022年6月，呼和浩特市人民政府印发了《吸引人才政策10条支持人才就业创业配套实施办法》和《吸引人才政策10条科技创新领域配套实施细则》，《办法》指出，在安置补贴方面，对博士、硕士、本科生分别给予两年内1000元、800元、500元的补贴，如租住保障性租赁住房，博士、硕士、本科生分别减免100%、

① http://cs.bendibao.com/live/2021625/75162.shtm

② https://www.nmg.gov.cn/ztzl/yhyshj/zcwj/mszc_11888/202104/t20210425_1423576.html

50%、30%的租金，如购买住房，分别一次性给予博士生、硕士生、本科生10万元、5万元、3万元补贴；在创业支持方面，符合条件的创业人才可申请最高60万元创业担保贷款，10万元及以下免除反担保，小微企业可申请最高300万元贷款，对确实发展前景好，带动就业人数多的企业经认定可申请600万元担保贷款。毕业5年内的本科以上毕业生，经评审最高可给予20万奖励；在家属安置方面，高层次人才子女可有一次选择公办学校的机会，由教育部门按照就近原则统筹安排[1]。

2.南宁

2021年，南宁市发布《南宁市引进海外人才工作实施办法》，其中针对的留学归国人员为具有中国国籍、非公派赴国（境）外学习、并取得硕士以上学位的人才，南宁市计划用5年时间引进100名左右能够突破关键技术、发展高新产业、带动新兴学科的海外高层次人才，引进1000名左右各类海外人才。在落户方面，具有中国国籍的海外人才需要落户南宁的，可直接为其办理本人及配偶、子女的落户手续；在激励方面，对全职引进的急需紧缺海外人才，每年按用人单位实际支付年薪的20%给予补贴（最高不超过20万元），补贴时间不超过5年。入选国家级项目的，给予20万元人民币，获得国家或省（部）级科技二等奖以上的，给予最高20万元人民币奖励。引进的海外人才主持南宁市重大科技专项

---

[1] http://hhhtsme.cn/News/Detail/2234

的，经评审，择优给予最高不超过200万元人民币的经费支持。南宁市鼓励本市博士后科研工作站引进海外人才，对每新接收一名海外博士后的设站单位给予一次性15万元人民币的科研资助，对入站的海外博士后给予一次性10万元人民币的生活补助；在家属安置方面，其配偶就业由用人单位积极安排，其子女入学，由教育行政管理部门结合人才本人意愿和实际情况安排入学；在生活服务方面，南宁市有给予高层次人才相应的就诊、医疗、免费体检的服务，按规定为其办理各类保险等多样政策[①]。

3.重庆

2020年3月，重庆市印发了《重庆市户口迁移登记实施办法》，对于留学生落户明确指出，引进的留学归国人员在重庆就业，可以申请户口迁移[②]。

2021年2月，重庆市印发了《重庆市引进高层次人才若干优惠政策规定》，其中将引进的人才分为四类，包括国家引进海外高层次人才计划（千人计划）人选和在海外取得博士学位，并在海外知名高等院校、科研机构、金融机构、世界500强企业等单位具备两年以上工作经历的海外高层次人才。在安置补贴方面，四类人才分别按级别享受100平方米到200平方米以上的住房并且第一到三类人才可以享受一次性30万到200万元的安家补助费。留学

---

① http://tzcjj.nanning.gov.cn/ggfw/tzzc_1/nnsrchqzc/t4900056.html

② https://www.cq.gov.cn/zwgk/zfxxgkml/szfwj/xzgfxwj/szfbgt/202004/t20200408_8837752.html

归国人员还可以免征契税购买首套房，免征车辆购置税购买一辆国产汽车；在创新创业支持方面，对四类人才分别每年资助经费2万到6万元并且可以视情况配备助手、车辆、差旅费等；在家属安置方面，人才家属可以视自身意愿随迁落户到重庆，其配偶就业由相关部门协调安排，其子女入学由教育部门优先安排；在生活保障方面，归国人才可以视情况享受税收优惠，医疗保健特殊待遇、免费体检、保险缴纳等补贴[①]。

4.成都

成都市在落户方面，根据《关于鼓励和引进留学人才来蓉创业工作的若干意见》，前往成都就业、创业的留学人才，可以不受户籍限制，开具相关证明后直接申请《成都市海外人才工作证》，长期居留或短期工作均可，来去自由[②]。

根据《成都市人民政府办公厅关于进一步完善吸引留学人员来蓉创业服务政策的实施意见》（以下简称《意见》），将留学人员分为两类，一类是普通留学人员，即在国（境）外获得学士以上学位的人员，另一类是高层次留学人才，即在国（境）外取得博士或双硕士学位的人员。在落户方面，未入外国籍的留学人员可办理成都市常住户口，对其中已定居国外的，在申请华侨定居手续后，可办理成都市常住户口，符合条件的配偶和未成年子女可

---

① https://rlsbj.cq.gov.cn/zwgk_182/fdzdgknr/lzyj/xzgfxwj_1/szfgfxwj/202102/t20210226_8944675.html

② https://www.idp.cn/chengdu/toutiaoxinwen/130481.html

随迁入户；在创新创业资助方面，《意见》指出，在成都企事业单位工作、取得硕士以上学位或中级以上职称的留学人员，可申请"留学人员科技活动项目择优资助经费"（重点项目10万—20万元，优秀项目5万—10万元，启动项目2万—5万元），符合相关条件的人员还可申请创业资助资金，一等资助20万元，二等资助10万元，三等资助5万元；在家属安置方面，其随迁子女可享受本地居民同等待遇就近入学，高层次人才子女可按其本人意愿安排在示范性学校入学①。

5. 贵阳

2006年，贵阳市颁布了《贵阳市引进高层次人才暂行办法》、《贵阳市引进高层次人才住房补贴暂行办法》，在落户方面，未迁移户口的人才，申请办理《贵阳市引进人才居住证》后，在贵阳工作期间可以在缴纳社保、购买住房、子女教育等方面享受与本市居民同等待遇②。

2009年，贵阳市出台了《贵阳市鼓励留学归国人才来筑创业办法》，积极创造各种便利条件和营造宽松、宽容、宽厚的引才用才环境，在安置补贴方面，来贵阳工作的留学归国人员可以享受一次性住房补贴博士后20万元，博士、具有正高级专业技术职务任职资格的人才15万元，获得硕士学位并具有副高级以上专业技

---

① http://gk.chengdu.gov.cn/govInfo/detail.action?id=15915&tn=6

② https://www.guiyang.gov.cn/zwgk/zfxxgks/fdzdgknr/lzyj/xzgz/zfl/202004/t20200422_56186226.html

术职称的人才以及我市急需的具有特殊技能的人才5万；在就业创业支持方面，可分期分批予以5万至100万元的资助，由同级财政人才资源开发专项经费和用人单位按照1：1的比例承担。用人单位根据工作需要，提供必要的实验室、设备和配备助手；在生活优惠方面，可以给予免征所得税等优惠①。

6.昆明

昆明市在落户方面，留学归国人员可以在实际居住地先落户后择业，将常住户口登记在居住地的社区集体户②。

2019年，昆明市颁布了《"春城计划"高层次人才引进实施办法》，旨在用5—10年时间，重点引进一批自然科学、工程技术、人文社科、管理咨询以及其他紧缺急需的高层次人才。40周岁以下在国外知名高校获得博士学位的可以入选春城青年人才专项。在安置补贴方面，根据人才类别可以给予50万到200万元不等的一次性工作生活补贴；在创新创业支持方面，经核定后可以给予100万到3000万元不等的项目支持经费；在家属安置方面，配偶、子女可享受专项办理，按照规定考核直聘至相关单位；在生活保障方面，人才及其家属可在机场、高铁站享受贵宾通道，在市属旅游景点可以享受免票优惠，定期享受体检、疗养等活动③。

---

① http://kjt.guizhou.gov.cn/xwzx/jckj_73877/201804/t20180413_16222618.html

② http://wenda.bendibao.com/live/2020528/122338.shtm

③ http://rsj.km.gov.cn/upload/resources/file/2021/07/07/3498143.pdf

7.拉萨

拉萨市积极吸引非拉萨单位、非西藏生源高校毕业生前往拉萨工作，根据人才种类将其分为领军型、复合型、骨干型、创业型和普通型五种。在户口迁移方面，可根据个人意愿落户拉萨，如不愿意落户，可办理《拉萨引进人才工作证》，享受与拉萨市民同等相关待遇；在安置补贴方面，符合相关要求的领军型、复合型、骨干型和普通型人才无偿安排条件较好的住房，并一次性提供8万元、5万元、2万元、2000元安家费；在创新创业方面，相关人才可以优先享受各项创业优惠政策，取得经济效益、并经由相关部门认定后，连续5年按税后新增利润的10%给予奖励；在家属安置方面，人才配偶、子女可随迁并优先解决城镇户口，其子女可享受就读较好学校的待遇，同等享受升学、公开招录、就业等优惠政策；在生活保障方面，人才享受免费体检、福利休假、从优确定工资等政策①。

8.西安

2021年，西安市发布了《2021年人才引进补助政策》，补助政策针对的人才按其资质分为从A至E五类。在落户方面，留学归国人员毕业后可通过学历落户政策落户西安；在安置补贴方面，五类人才可以根据自身资质选择从180平方米至70平方米不等的公寓，分别享受5年免租金、6500元/月至300元/月不等的租赁补贴，其

---

① https://www.docin.com/p-1851359520.html

中A类人才如果在工作5年内取得户籍，其公寓产权可赠与个人[①]。

2020年，西安市发布了《引进海外高层次人才智力项目管理办法》，《办法》针对人员包括中国籍在国（境）外被我国认可的机构获得硕士以上学位的留学回国人员，留学人员可申报自然科学和社会科学类两类项目，立项后，根据其个性分为领军类、重点类和优秀类三个层次，分别资助100万元、50万元和10万元[②]。

9.兰州

2017年，兰州市人力资源和社会保障局出台了《兰州市急需紧缺人才引进实施办法》，《办法》将人才分为急需紧缺高层次人才、事业单位急需紧缺专业技术人才和事业单位急需紧缺实用人才。在落户方面，兰州市鼓励柔性引才，通过特聘、兼职、专利或技术入股等形式引进，对特殊人才可给予每年2万–5万元的生活补贴；在安家补贴方面，对急需紧缺的国内外科技型创业高层次人才，一次性给予100万元；对科研、经营管理、金融等方面的创新人才以及嫁接式企业引进领军型创业人才在与企业签署创业合同后，由兰州市委人才工作领导小组审定，一次性给予60万元；引进的实用技术人才一次性给予10万元。住房补贴方面，按照正高级职称人才不低于150平方米；博士学位或副高级职称人才不低于120平方米；硕士学位或高级技师人才不低于90平方米；家属

---

① https：//jy.bsu.edu.cn/front/showContent.jspa?channelId=709&contentId=103847

② http：//www.xakjgzz.com/news_show.rt?contentId=1571&channlId=43

安置方面，根据引进的急需紧缺高层次人才配偶原就业情况及个人条件，多渠道、多方式、有重点、分层次解决。子女入学按本人意愿和实际情况由兰州市教育局负责实施，享受与兰州市户籍学生同等待遇①。

10.西宁

2018年，西宁市印发《西宁市引进和培养高层次创新创业人才的意见（试行）》，在落户方面，直接引进的人才可享受落户优惠措施；在安置补贴方面，最高可享受120万元一次性资金支持②；在创新创业支持方面，对引进的创业团队可给予30万元的团队建设经费，作为培养对象的人才最高可获得100万元的资金支持；在家属安置方面，教育行政部门按照特事特办、随到随办、优先安排原则，开辟"绿色通道"优先满足高层次人才子女入学需求；在生活保障方面，可享受医疗保障等优惠③。

11.银川

2019年，银川市印发了《银川市引进高层次人才暂行办法》，其中包括教育部认可的具有博士学位的留学回国人员。在落户方面，鼓励用人单位柔性引进，给予引进单位引才补助，每个人才引进项目补助金额5—15万元，每个单位每年最高不超过50万元。

---

① http://news.focus.cn/lz/2017-09-11

② http://www.gov.cn/xinwen/2018-01/29/content_5261668.htm

③ https://www.xining.gov.cn/xwdt/szfxx/201908/t20190812_38183.html

要求取得银川市常住户口的，公安机关要按有关规定办理落户手续，其配偶、子女、父母按有关随迁政策予以落户；在安置补贴方面，各级高层次人才分别可享受15万/年到5万元/年不等的补助；在激励方面，引才企业可根据支付给高层次人才的不同额度年薪，获得不同百分比的企业引进人才经费补助；在创新创业激励方面，入选国家"千人计划"和"百人计划"的，按照国家补助标准1:1的比例给予本人配套补助，并且对做出突出贡献、带来显著经济和社会效益的人才给予50万—100万元的奖励；在家属安置方面，其配偶根据自身特长和个人意愿由相关部门推荐就业，未成年子女协调教育部门安置；生活保障方面，规划建设国际人才公寓，享受保险缴纳，合并工龄等优惠措施[1]。

12. 乌鲁木齐

2022年，为引进人才，乌鲁木齐事业单位积极招揽各地高校毕业生，在安置补贴方面，硕士、博士分别获得2.5万元、3.5万元的一次性补贴，落户并且首次购房后，硕士、博士分别可获得10万元、30万元一次性补贴，不落户人才可免费入住人才公寓；在资金激励方面，每年获得合格以上评价的，硕士、博士分别可获得400元/月、1000元/月的补贴；生活保障方面，用人单位报销首次进疆交通费，并且享受地方政府其他优惠政策[2]。

---

① https://www.waizi.org.cn/rule/58473.html

② http://wlmq.bendibao.com/job/20211119/48448.shtm

七、国内重点产业急需紧缺人才分析

（一）战略性新兴产业

（二）其他重点产业

（三）急需紧缺人才状况比较

人才是实现民族振兴、赢得国际竞争主动的战略资源。党的十九届五中全会明确了到2035年我国进入创新型国家前列、建成人才强国的战略目标。要完成这一目标，必须坚持人才引领发展的战略地位，把人才资源开发放在最优先位置。人才资源开发需要与产业发展同频共振。我国大力实施创新驱动和人才优先发展战略，与时俱进探索构建与国际接轨的人才发展体制机制，各地结合地区发展战略和产业规划布局，深入推进产业转型升级，以更加积极、更加开放、更加有效的人才政策，加快集聚各类优质人才资源。

党的十九大以来，我国各类出国留学人员中超过八成完成学业后选择回国发展。十年来，我国深化"放管服"改革，以信息化手段支撑全链条留学服务体系。2022年9月，在教育部国际司的指导下，教育部留学服务中心主办的"国家留学人才就业服务平台"上线，汇集各地方引才政策，面向全国各地区、各行业、各类型的用人单位和全球留学人员开放，打通了留学人才市场信息壁垒，为实现留学人员充分就业、优质就业提供更加精准高效的就业服务。

人才是支撑经济社会发展的子系统，引导留学人才回国就业，应与经济社会发展趋势相适应。就我国当前情况看，经济发展已从传统的要素驱动、投资驱动向创新驱动转型，强调以新知识、新技术对生产要素进行改造和重新组合，以产品创新、创新型产业以及创新要素积累驱动增长。近年来，各地政府纷纷在人才政策创新方面下功夫，推进海外留学人员优秀创新创业项目与科技计划的对接，增强国家科技计划和地方科技项目引导留学人员创新创业的作用，使留学人员获得更多参与国家科技计划和地方科技项目的机会。与此同时，随着国内新一线城市的崛起和中小城市的发展，对优质人才的需求更加迫切，不少城市出台各类招才引智政策，其中对留学生的引进政策更为优厚。

本章根据国家统计局发布的《战略性新兴产业分类》，[①]并结合不同地区制定的重点领域或重点产业目录，对各地急需紧缺人才需求情况进行分析。

（一）战略性新兴产业

战略性新兴产业是以重大技术突破和重大发展需求为基础，是引导未来经济社会发展的重要力量。发展战略性新兴产业对经济社会全局和长远发展具有重大引领带动作用，已成为世界主要国家抢占新一轮经济和科技发展制高点的重大战略。战略性新兴产业具有知识技术密集、物质资源消耗少、成长潜力大、综合效益好等特点。各地将加快培育和发展战略性新兴产业作为推进

① 2018年10月12日，国家统计局通过了《战略性新兴产业分类（2018）》，该分类规定的战略性新兴产业包括：新一代信息技术产业、高端装备制造产业、新材料产业、生物产业、新能源汽车产业、新能源产业、节能环保产业、数字创意产业、相关服务业等九大领域。

产业结构升级、加快经济发展方式转变、推进现代化建设的重大举措。

1.新一代信息技术

新一代信息技术包括下一代信息网络产业、电子核心产业、新兴软件和新型信息技术服务、互联网与云计算及大数据服务、人工智能等领域。目前，我国各地对新一代信息技术人才需求旺盛。根据《2021人工智能人才报告》相关数据，2021年人工智能行业人才需求指数较去年增长103%，算法工程师、Java工程师、产品经理为行业招聘需求最大的三个职位；平均薪酬为20000元，较去年增长12.4%；高薪职位依旧集中于技术职位，架构师连续两年以36000元/月的薪酬稳居榜首；北京、深圳、上海、杭州、广州位居人工智能人才需求量城市前五位。①

"建设高水平人才高地"，是党中央对北京人才工作提出的重要战略要求。当前，北京正在大力推进国际科技创新中心建设，推进国家服务业扩大开放综合示范区和中国（北京）自由贸易试验区建设，发展数字经济，深入推动京津冀协同发展。北京市人力资源和社会保障局发布的《国家服务业扩大开放综合示范区和中国（北京）自由贸易试验区建设人力资源开发目录（2022年版）》，由《重点产业领域人力资源开发目录》和《技能人才急需紧缺职业（工种）目录》构成。其中，《重点产业领域人力资源开

---

① 参见中证网 https://www.cs.com.cn/cj2020/202110/t20211025_6213280.html。

发目录》包括15个行业大类、49个人力资源开发核心领域、121个人力资源开发重点方向，共列举了261个人力资源开发代表岗位。针对每个人力资源开发核心领域，从人力资源供需匹配难度、培养难度和转岗难度等3个维度进行了综合评级。星级越高，人力资源综合紧缺程度越高，开发价值也越高。最高是5星级，有5G技术研发与应用、芯片设计、量子计算技术研发等13个人力资源开发核心领域获得5星评级。表7-1中仅列出部分紧缺岗位。

表7-1　2022年国家服务业扩大开放综合示范区和中国（北京）自由贸易试验区新一代信息技术等领域人力资源开发目录

行业大类	人力资源开发核心领域	人力资源开发代表岗位	人力资源开发评级	年薪中位数参考值（万元）
新一代信息技术	5G技术研发与应用	5G研发工程师、5G解决方案工程师、光通信工程师、无线射频工程师、通信算法工程师、5G性能优化工程师等。	☆☆☆☆☆	28.6
	传感器研发	多传感器融合工程师、传感器开发工程师、传感器测试工程师、传感器应用工程师等。	☆☆☆☆	35.1
	量子计算技术研发	量子算法工程师、量子计算工程师、量子指令集设计师、射频开发工程师、量子计算测控软件研发工程师等。	☆☆☆☆☆	51.6
集成电路	EDA工具研发	编译器开发工程师、EDA平台开发工程师、EDA软件研发工程师等。	☆☆☆☆☆	40.4
	集成电路材料研发	微纳半导体器件与工艺开发工程师、半导体建模工程师、半导体材料研发工程师等。	☆☆☆☆	26.4

续表

行业大类	人力资源开发核心领域	人力资源开发代表岗位	人力资源开发评级	年薪中位数参考值（万元）
集成电路	芯片设计	IC设计工程师、模拟IC设计师、模数混合IC设计师、嵌入式工程师、FPGA工程师、CPU架构师等。	☆☆☆☆☆	31.2
	芯片制造	高级光刻工程师、芯片工艺工程师、刻蚀工艺工程师等。	☆☆☆☆☆	25.4
软件和信息服务	工业互联网研发与应用	边缘计算工程师、工业自动化工程师、AR软件工程师、AR产品经理、数字孪生标准化工程师等。	☆☆☆☆☆	38.3
	北斗导航与位置服务	卫星导航算法工程师、卫星应用方案策划专家、GNSS开发工程师、高级卫星导航抗干扰算法工程师等。	☆☆☆☆☆	35.3
	人工智能操作系统研发与应用	人工智能算法科学家、强化学习工程师、深度学习算法工程师等。	☆☆☆☆☆	42.2
	智能驾驶与智能网联汽车技术研发	系统集成设计工程师、智能驾驶感知工程师、智能驾驶算法工程师、智能驾驶仿真测试工程师、自动驾驶传感器工程师、车载芯片软硬件开发工程师、座舱软件工程师、交互测试工程师等。	☆☆☆☆☆	38.5

资料来源:《国家服务业扩大开放综合示范区和中国（北京）自由贸易试验区建设人力资源开发目录（2022年版）·重点产业领域人力资源开发目录（2022）》，北京市人力资源和社会保障局http://rsj.beijing.gov.cn/xxgk/tzgg/202209/t20220902_2807451.html。

　　近年来，杭州市以打造全国数字经济第一城为目标，全面推进数字经济发展。2020年杭州市数字经济核心产业实现增加值4290亿元、增长13.3%。2021年，杭州市政府办公厅发布《杭州市国民经济和社会发展第十四个五年规划和二〇三五年远景目标纲要》(以下简称纲要),指出要打造全球人才蓄水池,聚焦发展"5+3"重点产业,构建制造业九大产业链,推动产业深度融合发展,持续增强现代产业体系整体竞争力。为进一步贯彻落实《纲要》,杭州市人社局人才管理服务中心联合杭州市统计局、智联招聘以杭州市重点产业为着眼点,聚焦数字经济、高端装备制造、生命健康、文化、旅游休闲、金融服务等重点产业领域,对杭州市重点产业紧缺人才需求状况开展调研,编制发布了《2021年杭州市重点产业紧缺人才需求目录》。研究发现,产业快速发展导致数字经济人才相对紧缺,稀缺指数高达0.51。企业在调查中反馈,造成人才不足的原因主要是新增业务导致人才急缺,以及市场中符合能力要求的人才数量太少。同时,工作经验在1—3年的青年人才供需失衡。

表7-2　2021年杭州市数字经济产业紧缺人才需求目录

岗位类别	任职要求		起薪范围(万元/税前,不含激励、奖金等)	紧缺程度
	学历要求	专业要求		
算法工程师	硕士及以上	计算机、数学等相关专业	24-42	非常紧缺
C++	本科	计算机、软件工程或其他理工类专业	15-30	非常紧缺
前端开发	本科	计算机或相关专业	12-23	非常紧缺
游戏测试	本科	理工科类专业	10-18	非常紧缺

续表

岗位类别	任职要求		起薪范围（万元/税前，不含激励、奖金等）	紧缺程度
	学历要求	专业要求		
内容审核	本科	新闻、出版、传播、法律等相关专业	9–13	非常紧缺
Java	本科	计算机或相关专业	21–35	非常紧缺
软件测试	本科	计算机相关专业	12–24	非常紧缺
技术支持工程师	本科	电子、信息工程等相关专业	18–24	非常紧缺
跨境电商运营	大专	市场营销、电子商务等相关专业	9–14	非常紧缺
内容审核	大专	专业不限	9–13	非常紧缺
新媒体运营	本科	新闻学、文学、广告学等专业	9–12	非常紧缺
技术支持工程师	硕士及以上	流体力学、热能工程、流体机械相关专业	18–24	非常紧缺
电商运营	本科	专业不限	18–30	非常紧缺
前端开发	本科	计算机相关专业	24–48	非常紧缺
电商专员/助理	本科	市场营销、电子商务等相关专业	9–18	非常紧缺
软件工程师	本科	计算机、通讯和软件相关专业	37–72	非常紧缺

续表

岗位类别	任职要求		起薪范围（万元/税前，不含激励、奖金等）	紧缺程度
	学历要求	专业要求		
软件工程师	本科	计算机相关专业	20-48	非常紧缺
跨境电商运营	本科	专业不限	10-12	非常紧缺
Java	本科	计算机科学或相关专业毕业	18-30	非常紧缺
采购专员/助理	大专	电子、通信工程、机械设计等相关专业	9-14	非常紧缺
采购专员/助理	本科	专业不限	9-13	非常紧缺
电商运营	大专	电子商务等专业	12-20	非常紧缺
新媒体运营	大专	影视文学、新闻传播学、广告学、视觉设计相关专业	12-24	非常紧缺
游戏测试	本科	理工科专业	12-24	非常紧缺
电商专员/助理	大专	数学、统计学、电子商务专业	9-15	非常紧缺

资料来源：《杭州市重点产业紧缺人才需求目录（2021年）》，杭州市人力资源和社会保障局 http://hrss.hangzhou.gov.cn/art/2021/12/17/art_1229125918_3980492.html。

2.高端装备制造产业

新一代信息技术与制造业深度融合，正在引发影响深远的产业变革，形成新的生产方式、产业形态、商业模式和经济增长点。

各国都在加大科技创新力度，推动三维（3D）打印、移动互联网、云计算、大数据、生物工程、新能源、新材料等领域取得新突破。基于信息物理系统的智能装备、智能工厂等智能制造正在引领制造方式变革；网络众包、协同设计、大规模个性化定制、精准供应链管理、全生命周期管理、电子商务等正在重塑产业价值链体系；可穿戴智能产品、智能家电、智能汽车等智能终端产品不断拓展制造业新领域。我国制造业转型升级、创新发展迎来重大机遇。

2021年5月，《苏州市2021年度重点产业紧缺专业人才需求目录》发布。该目录将先进制造业领域的10个重点产业以及生产性服务业领域的9个重点产业列入重点调研产业，共涉及200多个行业，产业覆盖面进一步扩大。依据紧缺专业人才需求指数模型对调查数据进行测算，最终确定444个专业类别，1741条岗位信息。其中紧缺指数5级、4级、3级、2级、1级的专业，分别为79个、145个、127个、73个、20个，占比分别约为18%、33%、28%、16%和5%。在制定目录过程中，参与调研的3814家企业中有990家企业有招聘海外优秀人才的计划，占企业总量的26%，计划引进海外优秀人才3346名。

为持续抢抓共建"一带一路"、"长三角一体化"、"自贸区"等国家重大战略机遇，有效推进"沪苏同城化"进程，苏州市全力构建"十四五"产业发展新格局，产业发展与人才的适配要求显得尤为突出。该目录显示，生物医药和新型医疗器械、软件与集成电路、高端装备制造、新材料、金融服务等重点产业的企业招聘预期水平同比增长较为明显，人工智能、新能源汽车、车联网、大数据等细分产业领域有大量的人才招聘需求。可以看出，人才需求与苏州地区重点产业发展趋势较为匹配。

具体到新型显示产业的紧缺人才需求目录来看，对人才需求的岗位普遍集中在工程师一类，还有少数属于管理岗位。学历大多数只要求本科即可，少数岗位需要硕士和博士。可以看出，新型显示产业对物理学类技能型人才较为急需，与产业发展的定位适配。

表7-3　苏州市2021年度先进制造业之新型显示产业紧缺专业人才需求目录（紧缺指数=5）

紧缺专业	岗位名称	学历要求	岗位年薪（万元）	相关工作年限要求
物理学类	算法工程师	博士	40	4
	研发主管	硕士	25	7
	TFE工程师	本科	20	3
计算机类	算法工程师	博士	40	4
	MEMS工程师	硕士	24.1	4
	系统架构工程师	本科	30	5
管理科学与工程类	项目经理	本科	15.4	5
	品质工程师	本科	12.2	2
工业工程类	机器工程师	本科	18	4
	项目经理	本科	15.4	5

说明：此处仅以新型显示部分紧缺专业且紧缺指数=5的岗位为例，其余从略。

资料来源：《苏州市2021年度重点产业紧缺专业人才需求目录》，苏州市人力资源和社会保障局http://hrss.suzhou.gov.cn/jsszhrss/gsgg/202205/d2a9816f05954513859c121a1f997c01.shtml。

前述《杭州市重点产业紧缺人才需求目录（2021年）》中，高端装备制造产业紧缺人才需求情况如表7-4所示。高端装备制造产业对紧缺人才的学历限制较为宽松，本科学历、大专及以下学历均可。其中，对紧缺人才的需求还主要分布在机械设备工程师、技术支持工程师及各类软件开发工程师等岗位上，专业要求也多是集中于机械、计算机、自动化等理工类别，进一步展现了杭州市制造产业的紧缺人才特征。

表7-4   2021年杭州市高端装备制造产业紧缺人才需求目录

岗位名称	任职要求		起薪范围（万元/税前不含激励、奖金等）	紧缺程度
	学历要求	专业要求		
机械设计工程师	本科	机械设计及相关专业	18-26	非常紧缺
电气工程师	大专	计算机网络、电子技术相关的专业	10-20	非常紧缺
机械设备工程师	本科	机械自动化、电气自动化相关专业	9-15	非常紧缺
售前支撑经理	大专	专业不限	10-20	非常紧缺
设备维护工程师	大专	机械、自动化相关专业	8-13	非常紧缺
结构设计工程师	本科	结构或机械设计相关专业	12-24	非常紧缺
机械工程师	本科	机械及相关专业	12-21	非常紧缺
技术支持工程师	本科	理工类专业	14-24	非常紧缺

续表

岗位名称	任职要求		起薪范围（万元/税前不含激励、奖金等）	紧缺程度
	学历要求	专业要求		
维保技师（电梯方向）	大专以下	专业不限	8-13	非常紧缺
品质经理	本科	电子、自动化、工业工程等相关专业	20-30	非常紧缺
无线产品嵌入式软件开发工程师	本科	软件、计算机、通信等相关专业	18-36	非常紧缺
自动化工程师	本科	机械、电气及自动化相关专业	12-18	非常紧缺
应用工程师	大专	自动化相关专业	12-18	非常紧缺
通信网络工程师	本科	计算机科学、电子信息等相关专业	24-48	非常紧缺
非标自动化设计工程师	本科	机械设计自动化相关专业	10-21	非常紧缺
软件研发工程师	本科	计算机/嵌入式/机电/电子/自动化相关专业	12-24	非常紧缺
技术支持工程师	本科	计算机相关专业	10-13	非常紧缺
交换机开发专家	本科	软件、计算机、通信等相关专业	37-50	非常紧缺
电池测试工程师	本科	机械或相关专业	12-24	非常紧缺
电机工程师	本科	机械、电气、电机及相关专业	9-13	非常紧缺
控制柜检验调试岗	大专以下	电子电器类相关专业	8-13	非常紧缺

资料来源:《杭州市重点产业紧缺人才需求目录（2021年）》，杭州市人力资源和社会保障局 http://hrss.hangzhou.gov.cn/art/2021/12/17/art_1229125918_3980492.html。

3.新材料产业

新材料是指新出现的具有优异性能和特殊功能的材料,以及传统材料成分、工艺改进后性能明显提高或具有新功能的材料,是支撑国民经济发展的基础产业。根据国家统计局公布《战略性新兴产业分类(2018)》,新材料产业主要包括先进钢铁材料、先进有色金属材料、先进石化化工新材料、先进无机非金属材料、高性能纤维及制品和复合材料、前沿新材料、新材料相关服务等7大领域。我国新材料行业加速赶超趋势明显。

当前我国正处于工业转型升级的关键期,很多设备、应用都离不开材料的支撑,新材料产业是实施制造强国战略的重要基础。目前我国已初步形成了"东部沿海集聚、中西部特色发展"的空间格局,长三角、珠三角、环渤海等地区在不同领域具备一定优势。

2021年,广东省深圳市发布高端紧缺人才目录,涵盖新一代信息技术产业、高端装备制造业、数字经济产业、生物医药与健康产业、新材料产业、新能源产业、节能环保产业、现代服务业、金融业、文化产业、航空航天产业、海洋产业、建筑业、公共服务业等14个大类,以及隶属于各大类之下的56个重点产业子类和211个核心岗位。每个核心岗位都对应着应聘该核心岗位所需的"参考专业"和"能力及背景要求"。其中对新材料产业大类的高端紧缺人才需求如表7-5所示。

表7-5　深圳市2021年新材料产业大类高端紧缺人才目录

重点产业	核心岗位	参考专业
石墨烯	石墨烯前沿技术攻关	高分子材料加工技术、材料科学与工程、材料物理、无机非金属材料工程、高分子材料与工程、功能材料、纳米材料与技术、材料设计科学与工程、复合材料成型工程、智能材料与结构
	石墨烯前沿技术攻关	前沿技术攻关高分子材料加工技术、材料科学与工程、材料物理、无机非金属材料工程、高分子材料与工程、功能材料、纳米材料与技术、材料设计科学与工程、复合材料成型工程、智能材料与结构
	石墨烯制备技术研发	高分子材料加工技术、材料科学与工程、材料物理、无机非金属材料工程、高分子材料与工程、功能材料、纳米材料与技术、材料设计科学与工程、复合材料成型工程、智能材料与结构
	石墨烯应用产品产业化和示范	
微纳米材料、器件及技术	新型纳米结构材料制备与加工技术	高分子材料加工技术、材料科学与工程、材料物理、无机非金属材料工程、高分子材料与工程、功能材料、纳米材料与技术、材料设计科学与工程、复合材料成型工程、智能材料与结构
	纳米结构的表征技术与检测设备	
	纳米信息材料与器件开发	
	纳米药物研制与医学诊疗应用	
	能源与环境纳米材料与技术	

资料来源:《深圳市高端紧缺人才目录（2021年）（征求意见稿）》，深圳市人力资源和社会保障局http://hrss.sz.gov.cn/hdjlpt/yjzj/answer/10540。

2022年，郑州市以产业发展需求为导向，结合郑州市经济发展现状与产业发展规划，编制了《郑州市重点产业急需紧缺人才需求指导目录》。该目录涉及郑州市优势产业、新兴产业、未来产业等11个重点产业、200多个行业、414个急需紧缺岗位，具体包括电子信息技术、高端先进制造、汽车及零部件、新材料、现代食品与农业、生物医药、节能环保、家居服装、现代金融、现代文旅、现代物流等领域。其中，新材料产业人才需求情况如表7-6所示。

表7-6　郑州市2022年新材料产业急需紧缺人才需求指导目录

岗位名称	急需紧缺指数	年工资薪金参考	学历要求	专业门类	专业类别
超硬材料研发工程师	★★★★★	25万元及以上	博士研究生	工学	材料科学与工程
金刚石合成技术研发工程师	★★★★★	25万元及以上	博士研究生	工学	
锂电池原材料研发工程师	★★★★★	25万元及以上	博士研究生	工学	材料科学与工程、化学工程与技术
磨削技术研发工程师	★★★★★	25万元及以上	博士研究生	工学	机械工程
陶瓷材料研发工程师	★★★★★	25万元及以上	博士研究生	工学	材料科学与工程
新型材料研发工程师	★★★★★	25万元及以上	博士研究生	工学	
无机非金属材料研发工程师	★★★★★	25万元及以上	博士研究生	工学	
材料仿真分析工程师	★★★★★	20万元及以上	博士研究生	工学	

续表

岗位名称	急需紧缺指数	年工资薪金参考	学历要求	专业门类	专业类别
材料检测技术总监	★★★★★	20万元及以上	博士研究生	工学理学	材料科学与工程、化学工程与技术生物学
铝材料研发工程师	★★★★★	20万元及以上	博士研究生	工学	材料科学与工程

说明：以上仅展示了紧缺程度为5星的岗位，其余从略。

资料来源：《郑州市重点产业急需紧缺人才需求指导目录（2022）》，郑州市人力资源和社会保障局 http://zzrs.zhengzhou.gov.cn/tzgg/6672134.jhtml。

4.生物产业

21世纪是生命科学的时代，生物技术在医疗保健、农业、环保、轻化工、食品等重要领域对改善人类健康与生存环境、提高农牧业和工业产量与质量都开始发挥越来越重要的作用。《战略性新兴产业分类（2018）》将生物产业具体划分为生物医药产业、生物医学工程产业、生物农业及相关产业、生物质能产业和其他生物业5类。近年来，全球范围内生物技术和产业呈现加快发展的态势，主要发达国家和新兴经济体纷纷对发展生物产业作出部署，作为获取未来科技经济竞争优势的一个重要领域。2022年5月10日，国家发展和改革委员会发布《"十四五"生物经济发展规划》，明确要在生物医药、生物农业、生物质替代应用及生物安全四大重点领域优先发力，引导创新资源向京津冀、长三角、粤港澳大湾区集聚发展。

从《杭州市重点产业紧缺人才需求目录（2021年）》来看，生物产业紧缺人才需求情况如表7-7所示。岗位类别较多，涉及了药品研发、临床研究、学术推广、药剂师等岗位。生物产业对急需人才的学历要求普遍集中在本科、硕士及以上，少数岗位只需大专文凭，其中有部分岗位不要求具有相关工作经验。

表7-7　2021年杭州市生物产业紧缺人才需求目录

岗位类别	任职要求			起薪范围（万元/税前不含激励、奖金等）	紧缺程度
	学历要求	工作经验要求	专业要求		
药品研发	本科	1–3年	药物制剂相关专业	13–22	非常紧缺
药品生产/质量管理	本科	7–9年	药分、分析化学等相关专业	10–20	非常紧缺
临床研究	本科	1–3年	生物、药学、化学、分析等相关专业	9–18	非常紧缺
医学信息专员	本科	经验不限	医学、药学、生命科学等相关专业	9–12	非常紧缺
医疗器械研发	本科	4–6年	机械工程、化学工程、工业设计等相关专业	9–12	非常紧缺
临床研究	本科	1–3年	临床医学、预防医学、护理学、临床药学等专业	9–18	非常紧缺
实验室研究员/技术员	本科	4–6年	生物化学、生物工程等相关专业	15–28	非常紧缺
医药技术研发	硕士及以上	经验不限	药物制剂或医疗器械相关专业	18–30	非常紧缺

岗位类别	任职要求			起薪范围（万元/税前不含激励、奖金等）	紧缺程度
	学历要求	工作经验要求	专业要求		
学术推广	大专以下	1-3年	药学相关专业	12-18	非常紧缺
医疗器械注册	本科	4-6年	临床医学检验、生物学和相关专业	12-18	非常紧缺
化验/检验员	大专	1-3年	医学检验或生物相关专业	12-18	非常紧缺
医药技术研发	硕士及以上	1-3年	生物、医药等相关专业	15-24	非常紧缺
医药化学分析	本科	经验不限	药物分析或化学分析相关专业	10-15	非常紧缺
化验/检验	本科	经验不限	医学检验、遗传学、生物学等相关专业	9-13	非常紧缺
医疗器械生产/质量管理	本科	7-9年	生物技术或药学等相关专业	9-18	非常紧缺
学术推广	本科	经验不限	药学、临床医学等相关专业	13-19	非常紧缺

资料来源：《杭州市重点产业紧缺人才需求目录（2021年）》，杭州市人力资源和社会保障局http://hrss.hangzhou.gov.cn/art/2021/12/17/art_1229125918_3980492.html。

2021年，福建省发布《福建省2021—2022年度紧缺急需人才引进指导目录》，针对福建省产业发展的定位和产业布局的实际情况，突出"高精尖缺"和"多点多极支撑"人才供需，聚焦电子信息和数字产业、先进装备制造、石油化工、现代纺织服装、现代物流、旅游等主导产业，特色现代农业与食品加工、冶金、建材、文化等优势产业，新材料、新能源、节能环保、生物与新医药、海洋高新等新兴产业，引导人才资源向产业流动集聚，促进人才链与产业链、创新链有效衔接。其中，有关生物产业人才资源需求如表7-8所示。专业要求不仅包括药学、医学和生物学等生物产业常规需求的专业，还囊括了数学和物理学等基础学科，以及统计学和计算机类学科。但紧缺急需人才的学历要求普遍限制在硕士及以上学历，部分岗位支持以同等职称替代学历要求。

表7-8　2021-2022年度福建省生物产业紧缺急需人才引进指导目录

产业行业	涉及领域	主要涉及岗位	专业要求	学历要求
生物医药	医药制造与研发	生物制药、微生物制剂	药学、医学、生物学等相关专业	具有博士学位或高级职称
		化学制药		
		现代中药		
		药物制剂研究		
		药物合成研究		
		药品分析、检验		具有硕士学位，或学士学位、中级职称
		质量研究、专利审查		
		质量管理、质量检验、生产工艺		
	基因测序、基因数据分析、基因诊断等相关基因领域	实验员、病理专员	遗传学、生物学、病理学类相关专业	具有硕士学位
		生物信息数据分析	数学、植物学、生物学、统计学、计算机科学与技术类相关专业	
		研发工程师	物理学、医学、生物学和统计学类相关专业	

资料来源:《福建省2021-2022年度紧缺急需人才引进指导目录》，福建省人力资源和社会保障厅，http://rst.fujian.gov.cn/zw/rsrc/202102/t20210225_5539271.htm。

5.新能源及节能环保产业

近年来，低碳绿色发展日益成为全球共识，新能源已经成为未来生活的重要能源。新能源产业已成为一个国家和地区高新技术发展水平的重要依据，也是新一轮国际竞争的战略制高点，发展新能源产业成为顺应科技潮流、推进产业结构调整的重要举措。在我国的能源战略布局中，新能源将占据越来越重要的位置。长三角、环渤海地区主要承担着新能源产业研发、高端制造功能，是我国新能源产业发展的高地；中部地区承担着核心材料研发制造功能；西部地区依托丰富的自然资源，是新能源发电项目承载地。新能源汽车融汇新能源、新材料和互联网、大数据、人工智能等多种变革性技术，推动汽车从单纯交通工具向移动智能终端、储能单元和数字空间转变，带动能源、交通、信息通信基础设施改造升级，促进能源消费结构优化、交通体系和城市运行智能化水平提升，对建设清洁美丽世界、构建人类命运共同体具有重要意义。2020年10月，国务院办公厅发布《新能源汽车产业发展规划（2021—2035年）》（以下简称《规划》），《规划》指出，发展新能源汽车是我国从汽车大国迈向汽车强国的必由之路，是应对气候变化、推动绿色发展的战略举措；并提出要加快建立适应新能源汽车与相关产业融合发展需要的人才培养机制，编制行业紧缺人才目录。

2021年11月，《安徽省新能源汽车产业急需紧缺人才目录（2021—2023年）》发布。安徽省将新能源汽车和智能网联汽车纳入十大产业发展规划，提出要推动安徽新能源汽车产业实现规模速度、质量效益双提升，打造一批各具特色的产业集聚区，加快推动新能源汽车产业高质量发展。安徽省将支持合肥市打造"中国新能源汽车之都"；计划以合肥、芜湖、安庆等市为重点，打造新能源汽车和智能网联汽车产业示范基地；以合肥、蚌埠为重点，打造动力锂电池产业基地；以合肥、六安、铜陵、芜湖等市为重点，打造燃料电池产业集聚区；以合肥、马鞍山等市为重点，打造新能源商用车基地等。新能源汽车产业急需紧缺人才目录涵盖设计和研发类岗位106个、生产和检测类岗位53个、营销和售后服务类岗位28个，分为岗位名称、职业分类、能力要求、学历要求、年薪要求和急需紧缺度几部分，其中"急需度"和"紧缺度"是对急需紧缺岗位程度的描述，由高往低分别用"★★★★★"至"★"符号表示。设计和研发类岗位占比最大的是电子工程技术人员（31.5%），接下来依次是通信工程技术人员（21.4%）、机械工程技术人员（15.1%）、工业（产品）设计工程技术人员（13.1%）、电气工程技术人员（11.1%）；生产和检测类岗位占比最大的是管理（工业）工程技术人员（40.2%）和标准化、计量、质量和认证认可工程技术人员（21.2%），其中生产工程师和质量工程师招聘岗位较多；营销和服务类岗位占比较大的是销售人员（41.5%），商务专业人员（21.8%），汽车摩托车修理技术服务人员（18.5%），其中销售顾问、维修工程师和市场研究岗位数量较多。表7-9所列为设计和研发类岗位中"紧缺度"为★★★★及以上的岗位。

表7-9　安徽省新能源汽车产业设计和研发类紧缺人才目录

岗位名称	职位岗位分类	学历	年薪参考	紧缺度
PACK结构设计工程师	工业工程技术人员	本科	10万—12万元	★★★★
锂电池研发工程师	电子元器件工程技术人员	硕士	16万—20万元	★★★★★
变流器设计工程师	电子元器件工程技术人员	硕士	18万—22万元	★★★★★
CATIA设计工程师	电工电器工程技术人员	本科	9万—13万元	★★★★
SEAT-新能源汽车传动系统工程师	电工电器工程技术人员	本科	10万—13万元	★★★★
FEA工程师	工业工程技术人员	本科	7万—11万元	★★★★
高级模拟IC设计工程师	产品设计工程技术人员	本科	20万—30万元	★★★★
机械工艺工程师	工业工程技术人员	本科	8万—10万元	★★★★★
电控软件工程师	计算机软件工程技术人员	本科	18万—22万元	★★★★
产品工程师（PE）	产品设计工程技术人员	本科	5万—8万元	★★★★
动力总成装配工艺工程师	工业工程技术人员	本科	11万—15万元	★★★★
前瞻设计工程师	产品设计工程技术人员	本科	8万—12万元	★★★★
传动制动主管师（底盘）	产品设计工程技术人员	本科	10万—13万元	★★★★
车联网系统高级工程师	物联网工程技术人员	硕士	25万—30万元	★★★★
自动驾驶系统集成主管	质量管理工程技术人员	本科	18万—26万元	★★★★
智驾算法工程师	物联网工程技术人员	本科	15万—22万元	★★★★

续表

岗位名称	职位岗位分类	学历	年薪参考	紧缺度
感知融合算法工程师	物联网工程技术人员	硕士	20万—30万元	★★★★
SLAM算法岗（泊车方向）算法工程师	物联网工程技术人员	硕士	25万—35万元	★★★★
深度学习算法工程师	物联网工程技术人员	本科	20万—25万元	★★★★
NLP算法工程师	物联网工程技术人员	硕士	25万—35万元	★★★★

资料来源：《安徽省新能源汽车产业急需紧缺人才目录（2021—2023年）》，安徽省人力资源和社会保障厅 http://hrss.ah.gov.cn/zxzx/gsgg/8482950.html。

说明：1.仅保留"紧缺度"为★★★★及以上的岗位，其余从略。2.该目录还包括新能源汽车产业生产和检测类、营销和售后服务类急需紧缺人才目录，此表从略。

6.数字创意与文化创意产业

数字与文化创意产业在助推经济高质量发展、满足人民美好生活需求、推动中国文化"走出去"等方面，发挥着不可替代的作用。以苏、浙、沪为例，三地将文化事业与文化产业发展纳入核心指标体系，推动各个领域改革创新，设立专项基金多方面为产业发展提供支撑。目前，新业态在整个文化产业中占比不高，且专业人才相对紧缺，还需大力发展数字类、创意类文化新业态。杭州市是数字创业和文化创意发展的重要高地，在《杭州市重点产业紧缺人才需求目录（2021年）》中，文化产业对紧缺人才的学历要求主要集中在本科和大专教育水平，具体情况如表7-10所示。

表7-10　2021年杭州市文化产业紧缺人才需求目录

岗位类别	任职要求		起薪范围（万元/税前不含激励、奖金等）
	学历要求	专业要求	
3D设计师	大专	美术相关专业	18-24
编剧	大专	广播电视编导、编剧等相关专业	10-13
新媒体编辑	本科	新闻相关专业	9-12
3D设计师	本科	设计相关专业	9-12
摄影/摄像	大专	相关专业	9-12
主持人	大专	主持、播音专业	10-13
动画设计	本科	美术、艺术设计、三维设计或者相关专业	12-18
编辑/组稿	大专	编导、编剧、影视文学等相关专业	12-18
动画设计	大专	动画相关专业	9-18
编辑/组稿	本科	新闻、中文、汉语言文学相关专业	10-13
编导	大专	戏剧文学、制片、传播、影视编导专业	12-21
广告文案策划	大专	广告、新闻等相关专业	12-18
新媒体运营	本科	广告、中文、新闻、传播、营销等相关专业	9-13
后期/剪辑/特效	大专	动画相关专业	12-18
后期/剪辑/特效	本科	摄影、动画、数字媒体、影视制作等相关专业	9-12

说明：以上仅列出非常紧缺类岗位。

资料来源：《杭州市重点产业紧缺人才需求目录（2021年）》，杭州市人力资源和社会保障局http://hrss.hangzhou.gov.cn/art/2021/12/17/art_1229125918_3980492.html。

7.相关服务业

《战略性新兴产业分类》中的"相关服务业"分为新技术与创新创业服务、其他相关服务两类，具体包括研发服务、检验检测认证服务、标准化服务、其他专业技术服务、知识产权及相关服务、创新创业服务、其他技术推广服务、航空运营及支持服务、现代金融服务等行业。我国多地都在加大力度实施相关行业的引才计划。

前述《国家服务业扩大开放综合示范区和中国（北京）自由贸易试验区建设人力资源开发目录（2022年版）》，在服务业相关领域的人力资源需求情况如表7-11所示。

表7-11　2022年国家服务业扩大开放综合示范区和中国（北京）自由贸易试验区服务业相关领域人力资源开发目录

行业大类	人力资源开发核心领域	人力资源开发代表岗位	人力资源开发评级	年薪中位数参考值（万元）
科技服务	知识产权服务	专利工程师、专利代理师、知识产权咨询师、知识产权律师、知识产权分析师、知识产权管理体系审核员、专利撰写专家等。	☆☆☆	18.5
科技服务	创业孵化服务	创业孵化咨询师、投资经理等。	☆	18.1
科技服务	科技成果转移转化服务	技术经理人、科技成果验证工程师、科技成果转化产品经理等。	☆☆☆☆	17.9
商务服务	涉外仲裁服务	涉外仲裁员、争议解决律师等。	☆☆	不以年薪方式计算
商务服务	人力资源技术服务	高级招聘专家、组织发展专家、薪酬绩效专家、人力资源数字化产品经理、人力资源数据分析师等。	☆☆☆	17.1

行业大类	人力资源开发核心领域	人力资源开发代表岗位	人力资源开发评级	年薪中位数参考值（万元）
金融	金融中心建设与金融科技服务	金融云平台工程师、金融数据分布式计算工程师、金融系统架构师、金融数据产品经理、ESG研究员、风控专家、金融估值/量化交易/资产配置高层次专家等。	☆☆☆☆	37.3

资料来源：《国家服务业扩大开放综合示范区和中国（北京）自由贸易试验区建设人力资源开发目录（2022年版）·重点产业领域人力资源开发目录（2022）》，北京市人力资源和社会保障局http://rsj.beijing.gov.cn/xxgk/tzgg/202209/t20220902_2807451.html。

前述《杭州市重点产业紧缺人才需求目录（2021年）》中，金融服务产业紧缺人才需求情况如表7-12所示。

表7-12　2021年杭州市金融服务产业紧缺人才需求目录

岗位名称	任职要求		起薪范围（万元/税前不含激励、奖金等）	紧缺程度
	学历要求	专业要求		
股票操盘手	本科	经济、金融等相关专业	9-12	非常紧缺
数据库开发	本科	计算机等相关专业毕业	18-24	非常紧缺
保险经纪人	大专	专业不限	24-36	非常紧缺
业务经理	本科	经济、金融相关专业	18-30	非常紧缺
综合柜员	本科	会计、经济、金融相关专业	10-12	非常紧缺
综合金融售后客户经理	本科	经济、金融相关专业	9-12	非常紧缺

续表

岗位名称	任职要求		起薪范围（万元/税前不含激励、奖金等）	紧缺程度
	学历要求	专业要求		
高级大数据工程师	本科	计算机科学与技术相关专业	24–36	非常紧缺
投资顾问	本科	金融、经济等相关专业	9–19	非常紧缺
客户经理	大专	经济、管理相关专业	10–13	非常紧缺
财富顾问	本科	财经、管理类相关专业	9–19	非常紧缺
理财顾问/财务规划师	本科	经济、金融相关专业	18–24	非常紧缺
理财总监	大专	经济、金融相关专业	24–48	非常紧缺
A股日内交易员	大专	经济、金融相关专业	24–36	非常紧缺
高级投资顾问	大专	经济、投资相关专业	24–36	非常紧缺
金融客户经理	大专	金融相关专业	9–12	非常紧缺
投资经理	本科	金融相关专业	18–36	非常紧缺
金融储备主管	大专	专业不限	12–18	非常紧缺
前端开发工程师	本科	计算机相关专业毕业	13–21	非常紧缺

资料来源:《杭州市重点产业紧缺人才需求目录（2021年）》，杭州市人力资源和社会保障局http://hrss.hangzhou.gov.cn/art/2021/12/17/art_1229125918_3980492.html。

（二）其他重点产业

除上述战略性新兴产业外，国内各省市在制定急需紧缺人才目录时，还会根据地区经济发展目标和产业布局等，提出相关重点产业的人才需求计划。本小节以部分地区需求较为集中的人力资源服务业、文旅产业和特色农业为例，进行梳理分析。

1.人力资源服务业

党的十八大以来，人力资源服务业加速迈向高质量发展阶段，党的十九大报告把人力资源服务业发展作为建设现代化经济体系的重要内容。发展人力资源服务业列入"十二五"以来的历次五年规划和产业目录，人社部会同有关部门在2014年、2017年相继出台鼓励发展的政策文件，2021年11月，人社部等五部门印发《关于推进新时代人力资源服务业高质量发展的意见》。各地也纷纷出台政策，加大对人力资源服务业的支持力度。安徽发布《关于发挥人力资源服务机构作用促进市场化引进人才工作的意见》，鼓励用人单位通过人力资源服务机构引进急需紧缺高端人才来皖创新创业。北京发布《北京市促进人力资源市场发展办法》，首次将人力资源服务业纳入市高精尖产业登记指导目录，鼓励用人单位使用人力资源测评、招聘流程管理等专业化人力资源服务。

以四川省为例。2021年12月，《四川省人力资源服务业急需紧缺人才目录》公布。该目录采集600余家用人单位信息和人才需求，收集的1000余条岗位信息中汇总出314类人力资源服务业急需紧缺人才，分别从样本数据、业态大类、地域分布、单位性质、职业类别、学科专业等进行呈现，此外还探索了人力资源服务产业人才监测预警机制，对79类岗位发布了预警。从样本数据分布看，四川省人力资源服务业急需紧缺人才，总体呈现"面广、量大、较稳定"的特点，且业态间程度不一、地区间分布不均。从业态大类来看，提升服务类人才需求最旺盛；专业服务类和支撑服务类人才数量严重不足。从地域分布来看，三分之二的人才需求集中四川省人力资源服务业产业"一核两翼"区域布局中。产业越发达的地区，对产业人才的需求越旺盛。从单位性质来看，民营企业的人才缺口最大、招聘难。从职业类别来看，最紧缺的是战略规划与经管类人才、数字化转型类人才、跨领域复合型人才等。

表7-13 四川省各区域人力资源服务业急需紧缺人才的主要岗位（TOP10）

区域	急需紧缺人才的主要岗位
一核	法务专员（成都、资阳）、人力资源服务专业人员（成都）、互联网平台运营CEO（成都）、经济规划专业人员（成都）、区域经济研究员（成都）、信息化建设研究员（成都）、人力资源咨询师（德阳）、教学管理员（德阳）、管理咨询师（眉山）、数据分析专员（资阳）
南翼	管理咨询师（自贡）、农民工创业指导专员（自贡）、农民工就业保障专员（自贡）、农民工就业服务平台专员（自贡）、法务专员（泸州）、企业总经理（泸州）、计算机软件工程师（内江）、中职电子通信教师（内江）、职业技能培训师（宜宾）、高级职业指导师（宜宾）
北翼	人力资源培训专员（广元、达州、巴中）、信息技术应用专员（广元）、中职管道教师（广元）、中职核动力教师（广元）、人力资源助理（南充）、信息系统管理人员（南充）、企业副总经理（达州、巴中）、项目行政主管（达州）、企业执行总经理（达州）、运营总监（达州）
重要支点	公共管理服务专员（绵阳）、农民工就业指导专员（绵阳）、战略规划专员（绵阳）、招投标专员（绵阳）、就业服务招聘专员（绵阳）、会计专业人员（乐山）、企业总经理（乐山）、招聘专员（乐山）、人力资源培训专员（乐山）、财务经理（乐山）
攀西	会计专业人员（攀枝花）、高级人力资源服务专员（攀枝花）、行政办事员（攀枝花）、摄影师考评员（攀枝花）、图形图像考评员（攀枝花）、管理咨询顾问（凉山）、职业指导员（凉山）、中职计算机教师（凉山）、人力资源培训专员（凉山）、客户服务管理员（凉山）

区域	急需紧缺人才的主要岗位
其他	人力资源管理专业人员（遂宁）、高级招聘服务经理（遂宁）、大数据分析师（雅安）、高级职业指导师（雅安）、公关秘书（雅安）、职业指导员（雅安）、人力资源培训助教（阿坝）、创业指导师（甘孜）、人力资源管理咨询师（甘孜）、场拓展专员（甘孜）

资料来源：《四川省人力资源服务业急需紧缺人才目录》，四川省人力资源和社会保障厅http://rst.sc.gov.cn//rst/gsgg/2022/1/19/7c65a4e619974d5bbf76fbbcfca57258.shtml。

表7-14　四川省人力资源服务业重度紧缺人才的职业分布及学科要求

序号	职业名称	学科专业要求
1	民办非企业单位负责人	企业管理、人力资源管理等
2	战略规划与管理工程技术人员	工商管理、战略管理等
3	企业经理	企业管理、人力资源管理等
4	人工智能工程技术人员	计算机相关专业
5	商务策划专业人员	企业管理、人力资源管理等
6	数据分析处理工程技术人员	计算机、统计学、数学等
7	经济规划专业人员	经济学、财务管理等
8	经济学研究人员L	区域经济学、宏观经济学、产业经济学等
9	信息系统运行维护工程技术人员	计算机相关专业
10	法律顾问	法学
11	其他教学人员	电子通信、高级保安管理相关职业教育等

注：L代表绿色职业。

资料来源：《四川省人力资源服务业急需紧缺人才目录》，四川省人力资源和社会保障厅http://rst.sc.gov.cn//rst/gsgg/2022/1/19/7c65a4e619974d5bbf76fbbcfca57258.shtml。

2. 文旅产业

作为我国大力扶持发展的第三产业新模式，文化与旅游两大产业的融合发展对促进区域经济发展和产业结构转型有着重要意义。文化旅游产业成为挖掘地方文化、完善旅游产业、撬动地方经济腾飞的重要发展方向，而且是满足人民群众日益增长的文化需要、提高人民生活水平、构建和谐社会、实现全面协调可持续发展的重要途径。我国多个地区将文旅产业列入急需紧缺人才重点领域。2021年9月，陕西省西安市编制《2021年度西安市重点产业急需紧缺岗位人才需求目录》。该目录分析称，岗位人才紧缺的原因：一是其市场流动率较低，供企业选择范围较小；二是需求的企业数及人数相对较多，而市场存量相对较小，供需关系紧张；三是其多数属于企业核心岗位，战略价值较大，任职要求高，培养周期较长，难以快速补充。该目录共收录15个产业的264个急需紧缺岗位，其中文旅产业12个，如表7-15所示。

表7-15　2021年度西安市文旅产业急需紧缺岗位人才需求目录

岗位类别	岗位名称	急需紧缺指数	年薪（万元）
管理	美术总监	★★★★	10—20
管理	活动策划总监	★★★	10—20
管理	酒店总经理	★★★	10—20
管理	网络营销总监	★★★	20—30
管理	文旅项目负责人	★★★	10—20
专技	高级H5前端开发工程师	★★★	10—20
专技	高级景观工程师	★★★	10—20

续表

岗位类别	岗位名称	急需紧缺指数	年薪（万元）
专技	高级动画师	★★★	10—20
专技	视频剪辑师	★★★	10—20
专业	短视频导演	★★★	10—20
专技	资深平面设计师	★★★	10—20
专业	高级文旅策划师	★★★	10—20

资料来源：《2021年度西安市重点产业急需紧缺岗位人才需求目录》，西安市人力资源和社会保障局http://xahrss.xa.gov.cn/xwzx/tzgg/61415eaff8fd1c0bdc526919.html。

前述《杭州市重点产业紧缺人才需求目录（2021年）》中，旅游休闲产业紧缺人才需求情况如表7-16所示。与西安市的文旅产业人才需求不同，杭州市更加侧重于旅游休闲产业紧缺人才的引进需求，从岗位分布来看，普遍对学历的要求不高，大多岗位只需大专或以下学历，少数要求本科学历。岗位需求主要是服务型人才，对专业的要求限制较低。杭州市旅游休闲产业的人才需求十分符合杭州市的城市发展定位，满足产业转型的迫切需要。

表7-16　2021年杭州市旅游休闲产业紧缺人才需求目录

岗位类别	岗位名称	任职要求		起薪范围（万元/税前不含激励、奖金等）	紧缺程度
		学历要求	专业要求		
民宿运营	民宿管家	大专	专业不限	10-12	非常紧缺
西点师	西点师	大专以下	烹饪营养相关专业	10-12	非常紧缺

续表

岗位类别	岗位名称	任职要求		起薪范围（万元/税前不含激励、奖金等）	紧缺程度
		学历要求	专业要求		
旅游顾问	旅游顾问	大专	旅游相关专业	9–15	非常紧缺
新媒体运营	新媒体运营	大专	新闻、中文、编导等相关专业	8–15	非常紧缺
旅游计调	组团计调	大专	旅游相关专业	10–13	非常紧缺
运营经理	业务经理	大专	专业不限	30–42	非常紧缺
导游	导游	大专	旅游相关专业	10–13	非常紧缺
电商运营	线上运营主管	大专	电子商务、市场营销专业	12–18	非常紧缺
调酒师	调酒师	大专以下	专业不限	9–13	非常紧缺
会务经理	商务会务主管	大专	专业不限	12–18	非常紧缺
导游	导游策划	大专	旅游相关专业	8–12	非常紧缺
会展策划	活动策划	大专	专业不限	10–21	非常紧缺
客房管理	客房领班	大专以下	专业不限	10–13	非常紧缺
电商运营	运营专员	大专	市场营销、电子商务相关专业	8–12	非常紧缺
会展策划	会展策划	本科	新闻学、传播学、中文、会展等相关专业	10–21	非常紧缺

资料来源：《杭州市重点产业紧缺人才需求目录（2021年）》，杭州市人力资源和社会保障局http://hrss.hangzhou.gov.cn/art/2021/12/17/art_1229125918_3980492.html。

3.特色农业

发展特色农业是我国农业结构战略调整的要求，是提高我国农业国际竞争力的要求，也是增加农民收入的迫切需要。我国部分省市根据区域自然地理环境，将区域内独特的农林牧渔资源转化为特色商品，将特色农业打造为区域重点优势产业。伴随着农林牧渔业的升级发展，各地对相应专业的紧缺人才也需求旺盛。

2022年9月，内蒙古发布了《内蒙古自治区2022年重点产业重点区域急需紧缺高层次人才需求目录》，确定了8个重点产业集群、12条重点产业链，共1063个急需紧缺岗位。其中，绿色农畜产品加工重点产业集群即包括5条重点产业链。急需紧缺岗位的人才需求以"高精尖缺"为导向，全部为硕士以上专业技术人才以及高级工以上高技能人才。具体如表7-17所示。

表7-17　内蒙古自治区2022年绿色农畜产品加工产业急需紧缺高层次人才需求目录

产业链	岗位名称	专业	学历学位/技能等级
奶业	专业技术岗	畜牧	硕士
		草业	硕士
		种业	硕士
	储备学生	食品、机械相关专业	硕士
	教师	畜牧学	硕士及以上

续表1

产业链	岗位名称	专业	学历学位/技能等级
奶业	专业技术岗	食品科学与工程、动物营养与饲料科学	硕士及以上
		乳品工程	硕士
		微生物分子遗传学，反刍动物营养与饲料科学	硕士或博士
		生物学	博士
	奶源技术类	动物科学相关专业	硕士
	畜牧工程师	动物医学相关专业	高级技师
	专业技术岗	畜牧兽医	硕士及以上
		兽医学	硕士及以上
	乡村振兴研究院种业人才专项（食品微生物）	生物学、食品科学与工程	博士
	营养研发专家	特医、免疫、脑健康方向	博士
	营养研发专家	食品/微生物（益生菌/乳酸菌）/生物发酵学相关领域	博士
	营养专家	动物营养与饲料科学相关专业	博士
	工艺工程师	食品质量与安全、食品科学工程、生物科学	硕士
	研发工程师	食品质量与安全、食品科学工程、生物科学	硕士
	正高级研究员	畜牧兽医	博士
	专业技术岗	畜牧学	博士
		兽医学	博士
		食品科学与工程	博士

续表2

产业链	岗位名称	专业	学历学位/技能等级
肉羊	生物技术岗	生物科学类等相关专业	硕士及以上
	畜牧管理专员	动物医学、动物药学、畜牧兽医、中兽医、动物防疫与检疫、畜禽智能化养殖、动物营养与饲料	硕士及以上
	专业技术岗	会计学	硕士
		肉食品加工	硕士及以上
		兽医学	硕士及以上
		生物学	博士
		基因育种	硕士
		基因育种	高级工及以上
	育种经理、育种助理	动物科学、畜牧兽医	硕士及以上
	品控总监	食品安全相关专业	硕士及以上
	乡村振兴研究院种业人才专项	生物学、畜牧学	博士
	专业技术岗	不限	硕士
		畜牧学	博士
		兽医学	博士
		生物信息学	博士
		畜牧兽医	硕士及以上
		畜牧养殖兽医	硕士及以上
		兽医	硕士及以上
		畜牧养殖	硕士及以上

续表3

产业链	岗位名称	专业	学历学位/技能等级
肉羊	教师	畜牧学、兽医学	硕士及以上
	专业技术岗	动物遗传育种与繁殖	硕士及以上
		动牧营养学、草业科学	硕士及以上
肉牛	生物技术岗	生物科学类等相关专业	硕士及以上
	专业技术岗	动物医学动物科学	硕士
	教师	畜牧学、兽医学	硕士及以上
	专业技术岗	动物遗传育种与繁殖	硕士及以上
		畜牧学相关专业	硕士
		牛遗传育种	硕士及以上
		生物学	博士
	技术顾问岗、产品研发岗	肉牛繁育、肉牛副产品开发	硕士及以上
	专业技术岗	畜牧学	硕士及以上
	乡村振兴研究院种业人才专项（动物育种）	生物学、畜牧学	博士
	专业技术岗	畜牧学	博士
		兽医学	博士
		畜牧兽医	硕士及以上
		兽医	硕士及以上
		畜牧养殖	硕士及以上
		畜牧	硕士及以上
		动牧营养学、草业科学	硕士及以上
		农学	硕士

续表4

产业链	岗位名称	专业	学历学位/技能等级
马铃薯	种植业管理专员	农学及相关专业	硕士及以上
	生产研发	食品加工	硕士及以上
	专业技术岗	生物学	博士
		栽培学	博士
		植物保护学	博士
	食品安全	食品相关专业	高级技师
	马铃薯种植技术总工	马铃薯培育等相关专业	硕士及以上
	马铃薯育种专家	育种，生物工程	博士
	马铃薯深加工技术总工	马铃薯加工专业	硕士及以上
	马铃薯育种工程师、研发工程师、检测技术员、马铃薯加工工程师	相关专业	高级技师
	专业技术岗	土壤学	硕士及以上
	乡村振兴研究院种业人才专项（作物、农业微生物、园艺植物育种）	生物学、作物学、园艺学	博士
	马铃薯育种研究	作物遗传育种	博士
	检验检测岗	植物生物化学与分子生物学	硕士
	专业技术岗	植物病理学	硕士及以上
羊绒	1.纺纱技术及新材料研究员 2.染整技术研究员 3.梭织产品研究员	纺织工程、染整技术等相关专业	硕士及以上
	专业技术岗	畜牧学	硕士及以上
		生物学	博士

资料来源:《内蒙古自治区2022年重点产业重点区域急需紧缺高层次人才需求目录》，内蒙古自治区人力资源社会保障厅http://rst.nmg.gov.cn/xwzx/gsgg/202209/t20220903_2123448.html。

哈尔滨新区是经国务院批准设立的第16个国家级新区，隶属于黑龙江省哈尔滨市。哈尔滨新区是中国唯一的以对俄合作为主题的国家级新区和最北部的国家级新区，是中国实施新一轮东北地区等老工业基地振兴战略，推进"一带一路"建设的重大举措和战略支点。2022年8月，《哈尔滨新区紧缺人才目录（2022）》发布，靶向引进急需紧缺人才，引导优质人才资源与重点产业、关键领域和创新岗位精准对接。该目录的编制以产业发展为导向，聚焦数字经济、现代生物经济、绿色农产品深加工、先进装备制造、特色文化和旅游、新材料、金融、现代物流等8个产业，引导人才资源向新区支柱产业、先导产业流动集聚。其中，绿色农产品深加工产业紧缺人才需求情况如表7-18所示。

表7-18　2022年度哈尔滨新区绿色农产品深加工产业紧缺人才目录

岗位名称	学历要求	专业要求	薪资范围（万元/年）	紧缺程度
农艺师	本科及以上学历	农学、植物保护等相关专业	6.5—10.4	非常紧缺
饲料研发工程师	硕士及以上学历	专业不限	6.5—7.8	非常紧缺
原粮采购	学历不限	专业不限	10.4—19.5	非常紧缺
环境检测工程师	本科及以上学历	生化环材、制药等相关专业	3.9—6.5	非常紧缺

岗位名称	学历要求	专业要求	薪资范围（万元/年）	紧缺程度
农产品研究员	大专及以上学历	农业、计算机、作物遗传育种专业农学专业和植保专业	7.8—11.7	非常紧缺

说明：此表仅列出紧缺程度为非常紧缺的岗位情况，一般紧缺和紧缺两类岗位从略。

资料来源：《哈尔滨新区紧缺人才目录（2022）》，哈尔滨新区民政和人力资源社会保障局http://sbqxxgk.harbin.gov.cn/module/download/downfile.jsp?classid=0&filename=e408ebfac1aa4d2484372b5d68f98802.pdf。

前述《福建省2021—2022年度紧缺急需人才引进指导目录》在农、林、渔业领域人力资源需求情况如表7-19所示。农、林、渔业三个产业是福建省经济发展的重要支柱性产业，对福建省生产总值的总体平稳上升态势作出重要贡献。因此，福建省在急需人才引进目录的规划中，详细呈现了主要涉及岗位和专业要求。其中，专业要求分布较为广泛，现代农业中主要包括农学、生物学、植物学、畜牧学等等；生态林业的专业要求与农业较为相似，但还涉及了林学、遗传学、园艺学等特殊学科；海洋渔业对急需人才的专业限制则主要是海洋类学科。

表7-19 2021-2022年度福建省农、林、渔产业紧缺急需人才引进指导目录

产业行业	涉及领域	主要涉及岗位	专业要求
现代农业	种植养殖	园艺（含蔬菜、花果）培育、培植	农学、植物科学与技术、种子科学与工程、设施农业科学与工程、园艺学、茶学、农药化肥、分析化学、生物学、微生物学、遗传学、生物化学与分子生物学、生物技术、生物信息学、生物工程、生态学、包装工程、仪器科学与技术、农业工程、农业机械化工程、农业机械化及其自动化、农业水利工程、环境科学、环境工程、环保设备工程、食品科学与工程、农产品加工及贮藏工程、风景园林学、农业资源与环境、土壤学、植物营养学、野生动植物保护与利用、园林植物与观赏园艺、植物保护、植物病理学、农药学、动植物检疫、园林、畜牧学、兽医学、水产养殖学、草学、农林经济管理
		植物病虫、杂草、鸟兽害虫预测预报和防治	
		畜牧	
		中草药栽培	
		动物育种	
		饲料工艺、饲料营养、质检分析	
		水产养殖	
	绿色农业	农业生态资源开发	
		水产养殖场尾水处理	
	农产品开发	农产品加工	
	设施农业	智慧农业技术应用	
	农业科研	植物分类、引种驯化	
		分子生物学技术研究	
		遗传育种研究、畜牧兽医	
	农业机械	农机推广、监管	
		仪器分析、维修	
	检疫检测	实验室检测和管理	
		动植物检疫	

续表1

产业行业	涉及领域	主要涉及岗位	专业要求
生态林业	生态保护、旅游	生态保护研发、管理	林学、林木遗传育种、森林培育、森林保护学、森林经理学、野生动植物保护与利用、园林植物与观赏园艺、水土保持与荒漠化防治、大气科学、生物学、植物学、生理学、遗传学、生物化学与分子生物学、生态学、道路桥梁与渡河工程、木材科学与工程、野生动物与自然保护区管理、城乡规划、园林、地图制图学与地理信息工程、林业工程、森林工程、林产化工、土壤学、环境科学与工程、风景园林学、作物学、作物栽培学与耕作学、作物遗传育种、园艺学、植物保护、农药学、草学、农林经济管理、林业经济管理
		森林生态和生物学研究	
		林木遗传育种和森林培育	
	水土保持、生态修复、林业保护	环境管理、生态保护修复、生态环境监测	
	自然保护区、公园、湿地规划、生态修复与恢复	调查规划、自然生态修复与恢复规划设计	
	智慧林业	森林经营、智慧林业	
	园林景观	观赏园艺生物育种与种质创新、应用	
		园林景观规划	
		林产品设计、加工研究、检验检测与标准制定	分析化学、食品科学与工程、食品科学、农产品加工及贮藏工程、材料科学与工程
		林产品设备生产技术管理、林产品电气维护自动化技术改造、林产品控制设备程序设计	电气工程
		林业智能机械研究开发	机械工程、机械制造及其自动化
	林业管护与培育	森林培育、动植物保护、病虫害防治、种苗培育	野生动物与自然保护区管理、动植物检疫、林学、森林培育、林木遗传育种、野生动植物保护与利用
		森林管护与生产、种苗繁育	森林保护、林学、森林工程

续表2

产业行业	涉及领域	主要涉及岗位	专业要求
海洋渔业	渔业	水产养殖	分析化学、生态学、食品科学与工程、食品营养与检验教育、水产养殖、海洋渔业科学与技术、水族科学与技术、海洋科学、微生物学、水产品加工及贮藏工程、海洋化学
		海洋生物学	
		水产品精深加工	
		水产品病害防治研究	
	海洋环境检测	检测分析	海洋技术、海洋资源与环境、海洋工程与技术、海洋资源开发技术、生物技术、海事管理、应用气象学、化学生物学、海洋科学、海洋生物学、化学、测绘工程、测绘科学与技术，港口、海岸及近海工程，海洋化学、地理信息科学、水产
		海洋生态	
		海洋环境及水产品检测分析	
	海洋资源开发	海洋药物研究	化学生物学、地理信息科学、应用气象学、海洋科学、海洋技术、海洋资源与环境、港口航道与海岸工程、轮机工程、海洋资源开发技术、分析化学、海洋生物学，港口、海岸及近海工程，船舶与海洋工程、船舶与海洋结构物设计制造、海洋化学、药学
		海洋生物资源开发	
		海洋工程	
	海洋综合管理	海洋资源评估	救助与打捞工程、海洋技术、船舶与海洋工程、船舶电子电气工程、海洋资源与环境、海洋科学、分析化学、水产养殖、勘查技术与工程、船舶与海洋结构物设计制造、海洋化学、勘查技术与工程、海洋地质、测绘科学与技术
		海洋战略研究	
		海洋海岛管理	
		海洋环境与渔业资源保护管理	
		渔业船舶管理	

资料来源：《福建省2021—2022年度紧缺急需人才引进指导目录》，福建省人力资源和社会保障厅，http://rst.fujian.gov.cn/zw/rsrc/202102/t20210225_5539271.htm。

（三）急需紧缺人才状况比较

1.创新型人才重要性凸显

新一轮科技革命和产业变革正在加速演进，科技和人才成为国际战略博弈的主战场。当前，我国正在推动经济高质量发展，努力实现经济现代化，这就需要大力发展科学技术，努力成为创新高地。2020年9月11日，习近平总书记在科学家座谈会上发表重要讲话指出，"我国经济社会发展和民生改善比过去任何时候都更加需要科学技术解决方案，都更加需要增强创新这个第一动力"。如何激发各类人才创新活力、建设科技技术与创新人才高地，成为各地制定人才需求计划时考虑的核心问题之一，创新型人才成为各地急需紧缺人才的重要组成部分。

2021年9月，《上海市重点领域（科技创新类）"十四五"紧缺人才开发目录》发布。这份目录聚焦上海建设具有全球影响力的科技创新中心的需求，力求广泛集聚和培养上海市重点领域紧缺科技创新人才，推动与重点行业领域科技创新人才需求高效衔接，加快紧缺科技创新人才集聚速度。根据目录需求，上海市积极吸引符合条件的海外人才，为海外各类型机构的科技创新人才团队在居住、出入境、工作许可证等方面优化机制，提供相应支撑和便利；鼓励重点行业领域用人单位优化海外引才聚才方式，符合目录需求的海外留学人才在办理留学人员落户、海外人才居住证等方面可享受激励政策；充分利用留学人员创业园、上海华侨华人科创服务基地，为集聚海外科技创新人才创新创业提供精准服务和平台支撑。该目录包括基础研究类、应用技术类、实验技术类、成果转化类和科技支撑类等领域的23个大类239个小类人才，紧缺类型包括质量紧缺、数量紧缺，紧缺程度分为十分紧缺、紧缺、一般，均为根据用人单位反馈，综合数据分析得出。需求数量最多的为基础研究类，共9个大类、109个小类，其中十分紧缺的小类49个，占42.2%；紧缺程度最高的为应用技术类，共5个大类、72个小类，其中十分紧缺的小类47个，占65.3%。参见表7-20。

表7-20　2021年上海市重点领域（科技创新类）"十四五"紧缺人才开发目录一览

大类名称		小类总数	其中，十分紧缺小类数量
基础研究类	数学	6	3
	物理学	16	6
	化学	12	2
	空间科学	16	4
	材料科学	12	11
	生命科学	15	8
	能源科学	12	4
	环境科学	10	3
	交叉科学	10	5
应用技术类	集成电路	10	7
	生物医药	14	9
	人工智能	10	6
	信息技术	13	6
	先进制造与应用	25	19

续表

	大类名称	小类总数	其中，十分紧缺小类数量
实验技术类	实验操作与分析	19	6
	实验仪器与应用	6	3
成果转化类	技术转移管理	3	3
	技术转移应用	7	2
	技术推广和专业领域服务	4	2
科技支撑类	科技资源条件与基础设施	6	1
	科技发展研究	5	3
	科技管理	4	3
	科技服务	4	2

资料来源：根据《上海市重点领域（科技创新类）"十四五"紧缺人才开发目录》（上海市企业服务云 http://www.ssme.sh.gov.cn/policy/knowledge!knowledgeDetail.do?id=2c91c29c7bbfb6a9017bc84f719c015a）整理。

其中，表7–21仅展示每个大类中的第一个紧缺程度为"十分紧缺"的小类的人才需求情况。基础研究类、应用技术类、实验技术类、成果转化类和科技支撑类等领域重点聚焦于基础学科及前沿交叉学科，并据此识别了重点领域的紧缺人才。之后上海市还将针对紧缺的基础研究人才，实施强基激励计划，激励高校、培训机构等根据目录加快培养紧缺科技创新人才。表7–21仅展示每个大类中的第一个紧缺程度为"十分紧缺"的小类的人才需求情况。

表7-21 2021年上海市重点领域（科技创新类）"十四五"紧缺人才开发目录（部分）

	大类	小类	紧缺程度
基础研究类	数学	统计学研究人才	十分紧缺
	物理学	声纳研究人才	十分紧缺
	化学	抛光液研究人才	十分紧缺
	空间科学	天文地球动力学研究人才	十分紧缺
	材料科学	无机非金属材料研究人才	十分紧缺
	生命科学	干细胞与再生医学人才	十分紧缺
	能源科学	锂电池及材料研究人才	十分紧缺
	环境科学	资源循环研究人才	十分紧缺
	交叉科学	脑科学研究人才	十分紧缺
应用技术类	集成电路	精密运动控制系统人才	十分紧缺
	生物医药	公共卫生研究人才	十分紧缺
	人工智能	虚拟仿真研发人才	十分紧缺
	信息技术	通用软件研发人才	十分紧缺
	先进制造与应用	超精密抛光工艺研发人才	十分紧缺
实验技术类	实验操作与分析	电镜实验技术人才	十分紧缺
	实验仪器与应用	实验材料制备技术人才	十分紧缺
成果转化类	技术转移管理	技术转移领导人才	十分紧缺
	技术转移应用	技术转移交易人才	十分紧缺
	技术推广和专业领域服务	先进工艺全球市场人才	十分紧缺
科技支撑类	科技资源条件与基础设施	科学仪器数据分析人才	十分紧缺
	科技发展研究	科技规划战略研究人才	十分紧缺
	科技管理	科技项目管理人才	十分紧缺
	科技服务	科技伦理审查评估人才	十分紧缺

资料来源：《上海市重点领域（科技创新类）"十四五"紧缺人才开发目录》，上海市企业服务云http://www.ssme.sh.gov.cn/policy/knowledge!knowledgeDetail.do?id=2c91c29c7bbfb6a9017bc84f719c015a。

2.产才融合背景下人才集聚效应显著

人才是支撑产业转型升级、优化经济结构、转换增长动能的重要资源，是推动我国经济社会高质量发展的关键力量。因此，各地都在探索深入推进产才融合发展，围绕产业链布局创新链、人才链，以产聚才、以才兴产，促进产业发展与人才集聚螺旋式上升，实现高水平的可持续发展。一些高层次人才集中的中心城市纷纷采取有力措施，着力建设吸引和集聚人才的平台，加快形成战略支点。中西部经济带顺应发展大战略，通过与中心城市加强人才、科技、产业等方面的合作，有效承接各类人才的溢出，系统布局重点领域人才引进、培育和储备，以期提升产业发展的后劲和潜力。

2021年，人力资源和社会保障部服务国家重大战略，推进雄安新区、粤港澳大湾区、海南自由贸易港、成渝地区双城经济圈等急需紧缺人才目录编制发布工作，对于引导人才集聚、优化人才流动配置具有重要促进作用。

2021年10月，雄安新区发布了《2021年雄安新区急需紧缺人才目录》，编入了新区364家用人单位、1697个工作岗位、1.1万条急需紧缺人才信息，同比增长91%、50%和45%。该目录显示，雄安新区服务业、教育、卫生、建筑、软件和信息技术等行业引才需求旺盛，临床医学、土木工程、计算机科学与技术、经济金融等专业人才需求较大，本专科学历基础人才为主要引进对象，区外人才需求增强。新区高端高新产业与人才融合更加紧密。此前的《雄安新区规划纲要》、《河北雄安新区条例》提出，新区要重点发展新一代信息技术、现代生命科学和生物技术、新材料、高端现代服务业和绿色生态农业五大高端高新产业。人才目录显示，大数据、云计算、人工智能、生物医学、金融服务、智慧城市、数字规划、商务服务、科技服务等岗位需求明显上升，总量占比从2020年度的4.16%上升至2021年度的17.11%。

2021年8月，为贯彻落实《粤港澳大湾区发展规划纲要》要求，打造粤港澳大湾区人才高地，广东省发布《粤港澳大湾区（内地）急需紧缺人才目录》。该目录是人力资源和社会保障部支持粤港澳大湾区发展的重点人才项目，所采用数据来源于粤港澳大湾区内地城市16959家规上和国家高新技术样本企业，覆盖七大战略性新兴产业和其他重点产业共26类，涵盖57720个急需紧缺人才岗位，涉及316类岗位和403类专业，需求人才总量331731人。总体上看，粤港澳大湾区内地9市急需紧缺人才数量最多的是制造业，超过总需求人数的一半（61.93%），其次是新一代信息技术产业，紧缺人才数量超2万人。从学历来看，企业对高学历人才的需求越来越高，本科学历的需求比例由现在的14.55%提升至20.90%，研究生学历需求占比由现在的2.08%提高到3.33%。从产业来看，金融业、科学研究和技术服务业、教育培训业对本科及以上学历人才需求分别达到85.48%、62.13%和54.65%，科学研究和技术服务业、金融业对研究生人才学历需求最高，分别达到22.93%和21.82%。从岗位来看，需求量排名前30的岗位主要涉及技术研发类、贸易销售类、行政管理类等方向的岗位。其中，出现频率最高的是产品开发师，其次为软件工程师和销售经理。从需求专业来看，企业有较高需求的专业包括机械设计制造及其自动化、信息与计算科学、市场营销、机械工程、经济学等。

2022年9月，海南省公布《海南自由贸易港享受个人所得税优惠政策高端紧缺人才清单管理暂行办法》，指出建设海南自贸港，人才是关键。同时，《海南自由贸易港紧缺人才行业需求目录》一并公布。海南自贸港紧缺人才包括旅游业、现代服务业、高新技术产业、农业、医疗领域、教育领域、体育领域、电信领域、互联网领域、文化领域、维修领域、金融领域、航运领域等13类技术技能骨干和管理人才，以及海南省机关事业单位人才以及法定机构、社会组织聘用人才。

2022年6月，《成渝地区双城经济圈急需紧缺人才目录》正式发布，公布了世界级装备制造产业集群、汽车产业集群、特色消费品产业集群等九大行业紧缺人才。随着成渝地区双城经济圈建设战略的深入实施，也势必深刻改变成渝两地的区域能级和发展格局，显著提升其在全国发展大局和人才集聚版图中的战略位势，为吸引、聚集更多国内外优秀人才创造更为有利的条件。此外，成都市于2022年5月发布《成都市人才开发指引（2022）》，涵盖14个产业生态圈和66个产业功能区人才需求。与2021年相比，2022年的成都紧缺人才需求呈现一些新特点，反映了成都经济社会发展新趋向。例如，氢能产品工程师、天然气工艺工程师、光伏项目经理、硅片工艺工程师、碳中和项目研究员、碳中和主题媒体运营专员等一批"双碳"人才需求首次进入目录；电子信息、装备制造、航空航天、轨道交通、工业无人机、新能源汽车等重点领域，集成电路、高端软件、创新药、高端医疗器械、航空发动机等重点产业均已"成圈成链"；大数据服务与应用、人工智能算法与应用、元宇宙等数字经济领域，金融大数据开发工程师、网络架构高级工程师、元宇宙高级系统策划师等岗位人才紧缺数量、紧缺程度"双攀升"；芯片设计工程师、EDA电子技术工程师、光刻机系统工程师等高层次人才数量、结构、供给均紧缺，客舱部机械员、结构部机械员、大修部机械员等高技能人才也呈现紧缺态势，重点产业链前端所需的研发人才与产业链中后端所需的高技能人才需求"双增加"；等等。

3. 支持留学人员创新创业力度加大

近年来，我国不断推进留学人员回国创业平台建设。2021年3月，人社部发布《留学人员创业园建设和服务规范》行业标准，推动全国留学人员创业园向标准化、专业化、精细化方向发展，为留学回国人员提供更好的创新创业平台。2021年12月，人社部分别与江苏省、浙江省、山东省、海南省人民政府共建张家港留学人员创业园、湖州留学人员创业园、潍坊留学人员创业园和海口留学人员创业园，进一步加大力度，促进共建留创园健康、快速发展，吸引更多留学人才创业创新。2021年，中国留学人员回国创业启动支持计划和高层次留学人才回国资助项目，资助了122名留学回国创新创业人才；海外赤子为国服务行动计划，资助了47项服务活动，组织留学人员通过多种形式智力报国、发挥作用。2022年8月，教育部、北京市签署了《留学人才回国服务示范区合作框架协议》。北京市采取以才引才、平台引才、联合引才、市场引才等方式，吸引集聚了一大批高层次留学人员在京就业创业。教育部和北京市签署合作协议，有助于加大对海外留学人才的引进和服务力度，助力北京建成世界人才高地。

人才资源是经济社会发展的第一资源。留学人员是宝贵的人才资源，国家确立了"支持留学、鼓励回国、来去自由、发挥作用"的新时代留学工作方针。搭建留学回国人才求职就业对接的平台，打造优质的人才发展生态环境，完善人才评价、激励、服务保障等政策体系，优化紧缺人才信息服务，有助于促进留学回国人才向重点、急需领域流动，更好地发挥服务国家发展的重要作用。

八、专题研究报告
留学人才回国就业创业现状、问题及建议

（一）留学人才回国就业创业面临的国际国内形势

（二）留学人才回国就业创业现状

（三）留学人才回国就业创业面临的问题和挑战

（四）促进留学人才回国就业创业的政策建议

人才是中华民族伟大复兴、赢得国际竞争力的战略资源，当前国际人才竞争格局和人才流动出现新趋势，国际经济政治格局复杂多变，不稳定不确定性明显增加，国际人才交流与合作遭遇前所未有挑战。但是，和平与发展仍然是时代主题，开放与共赢成为全球共识，新一轮科技和产业革命加速演进，全球产业链、价值链和供应链发生深刻变革，加剧了国际人才竞争，引才事业面临的国际环境更加复杂。我国已转向高质量发展阶段，新时代国民经济和社会发展对高水平人才的需求更加迫切，全面建成小康社会，实施创新驱动发展战略、共建"一带一路"，实现高质量发展，需要强有力、高水平的人才和智力资源支撑。现阶段人才引进战略要顺应时代要求，对引才基本理念和思路进行重大战略性调整。作为留学回国人员工作的重心，加强和完善留学回国人才引进工作，营造有利于留学人才发展的综合环境，在与国际接轨的基础上，逐步形成具有国际竞争力的留学人才引进制度优势和环境优势，是新时期引才工作的重要任务。

（一）留学人才回国就业创业面临的国际国内形势

1. 国际方面

当今世界正经历百年未有之大变局，人才已经成为影响国家竞争力的关键因素。以中国为代表的新兴经济体在引才方面不断加大投入，但相比发达经济体而言，国际人才竞争力仍处于劣势，在引进国外人才的商业环境吸引度、研发投入强度、营商便利度、市场主体吸引和留住人才的主动性、高科技人才储备量等方面还亟待提升。全球新一轮科技革命和产业变革加速演进，市场对人才的知识-能力结构需求发生深度变化。世界各国纷纷出台新的创新战略，加大资金投入，加大对高层次人才、急需紧缺专业人才的培养、引进与使用。共建"一带一路"持续推进，将不断扩大国外人才需求量。共建"一带一路"框架下的人才需求包含国际化的高端政策人才、复合技术人才、创新创业型商贸人才、金融领军人才、人文交流人才等不同层级，核心要素是人才的专业化和国际化，主导方向是为共建"一带一路"提供关键的智力和人力资源保障。

2. 国内方面

我国在经济发展和疫情防控两个方面保持全球领先地位，大大提升对留学人才的吸引力。我国经济已由高速增长阶段转向高质量发展阶段，"十四五"时期经济仍将继续稳步发展，未来几年我国有望成为全球资本的避风港和国际人才创业的沃土，这也为我国引进留学人才提供重要战略机遇期。2021年9月，习近平总书记出席中央人才工作会议并发表重要讲话，指出要加快建设世界重要人才中心和创新高地，为2035年基本实现社会主义现代化提供人才支撑，为2050年全面建成社会主义现代化强国打好人才基础。建设世界重要人才中心和创新高地有利于我国加快建立人才资源竞争优势，将引进国外人才切实融入创新驱动战略和人才强国战略总体部署。构建"双循环"新发展格局要求全方位、多层次拓宽引才渠道。在构建"双循环"新发展格局中，不仅需要科技领域的尖端人才，也需要具备国际视野和专业素养的贸易、金融、管理等方面的人才，需要全方位拓展留学回国人才的领域和层次。加快发展现代产业体系凸显引进留学回国人才的重要性和紧迫性。加快发展现代产业体系是"十四五"时期的重要战略任务，但我国产业链、供应链现代化水平还有待提高，关键领域的科学家和顶尖人才，应用性较强的专业技术人才都面临需求缺口。

（二）留学人才回国就业创业现状

为深入了解留学人员回国就业创业基本情况和所面临的困难、问题，以及疫情影响下留学人员回国创业就业的总体情况，2022年7月至10月，教育部留学服务中心会同中国社会科学院大学课题组对A高校、B研究所、C科研机构、D企业等进行专题调研，调研具体情况如下：

1. 用人单位引进留学人才情况

从实地调研总体情况来看，用人单位对留学人才的需求数量逐年攀升，尤其是高学历、高素质、高新技术领域的留学人才。

以A高校、B研究所为代表的教学科研单位，引进的人才大都具有海外博士和博士后研究经历，引才规模也在快速扩张。A高校自2019年以来共引进了几百名教学科研人员，其中从海外引进的人员占比约70%，对学校人才队伍的优化和补充起到了至关重要的作用。B研究所引进的各类留学人才均为副高以上职称，人才水平整体非常高。目前面临几方面人才需求，一是进行团队协同攻关；二是契合本研究所在北京的发展布局，需要引进更多高端人才进行科学研究。C科研机构目前海外人才占比尚不到10%，对高端海外人才尤其是人才团队的引进需求强烈，亟须引进基础领域能够担任领衔科学家的高端人才。以D企业为代表的高新技术领域和民营企业，近年来招聘留学生的比例越来越高，且基本为硕博学历，半数来自QS50高校。从留学人才在国外的地域分布来看，美国占比最高，其次是英国等欧洲国家，大都具有关键技术领域顶尖实验室和高校就读或就职的经历。A高校引进的留学人才大多来自美国、加拿大、英国、德国、澳大利亚、新加坡等国家。B研究所每年引进约几十名名科研人员，其中60%以上具有海外留学经历，以美国、欧洲（英国、瑞士、荷兰）的顶尖实验室和高校为主。C科研机构引进的留学人才大多来自美国、德国、法国、加拿大、荷兰等重点高校或实验室。D企业所引进的美国留学人才最多，其次为英国、澳大利亚、新加坡和德国等。从学科需求来看，引进的留学人才主要集中于数学、物理等基础学科，如D企业为实现理论突破和发明创造，寻找新的技术和产业方向，需要引进大量计算机、数学、物理等基础学科，以及材料、化学、生物等交叉学科留学人才。从人才引进方式来看，疫情之前，高校和科研院所等用人单位能够做到"走出去"和"引进来"相结合，人才引进以面对面交流为主，如B研究所在全球范围内顶尖高校和具有影响力的国际学术会议上开展专场招聘会，并实施针对各类人才的回国交流计划，包括线下学术会议、短期访问、合作研究等。疫情之后则主要依靠线上方式进行，如网络发布人才需求信息，通过在线学术研讨汇报联系海外人才等。

各调研单位引进留学人才详细情况如下：

（1）A高校

A高校坚持面向全球遴选高层次人才和优秀青年人才，其中从海外引进人才是学校师资队伍建设的重要来源。A高校自2019年以来共引进了几百名教学科研人员，其中从海外引进的人员占比约70%，对人才队伍的优化和补充起到了至关重要的作用。为给青年教师创造良好的工作环境，A高校从薪酬待遇、住房保障、科研支撑等多个方面为青年教师提供帮助，使得有潜力的优秀青年人才能够在"黄金时期"脱颖而出。

第一，薪酬待遇。根据人才市场的薪酬形势，结合学校的实际情况，为青年教师提供有市场竞争力的待遇，同时还提供优质子女教育保障，让青年教师能够专心教学科研工作。第二，住房保障。住房问题是海外留学归来的青年教师生活中面临的首要问题。A高校根据实际情况为青年教师提供周转性教师公寓，同时提供一次性安家费和住房补贴，减轻青年教师的住房压力。第三，科研支撑。帮助青年教师搭建科研平台，例如给予一次性基本科研启动经费，支持青年教师组建科研团队，包括招聘专职科研人员、博士后以及培养博士生，使其能够迅速开展科研工作，进入良性发展循环。

（2）B研究所

B研究所每年引进共约几十名科研人员，其中60%以上具有海外留学经历。引进人员分为四个层次：一是在海外取得教授、副教授等正式教职的高层次人才，每年计划引进2-3个；二是在海外从事博士后研究的留学人员，每年以特聘研究员的形式引进10人左右；三是具有海外博士后研究经历的研究人员；四是具有技术能力的技术人员。引进人才的海外留学经历以美国、欧洲（英国、瑞士、荷兰）的顶尖实验室和高校为主，全部都具有博士后研究经历，引进后最低给予副高级技术职称待遇。

B研究所目前面临几方面的人才需求，一是进行团队协同攻关；二是体量增大导致对人才的需求增加，契合研究所在北京市的战略发展布局，需要更多的人才进行科学研究。

就B研究所引进的留学人员回国的主要考虑因素而言，一是父母、子女等家庭因素；二是B研究所能够提供良好的科研平台和资源，且行政效率高；三是B研究所提供的待遇可以满足生活基本需求，使科研人员专注研究本身。和美国相比，B研究所在科研基础设施、环境、体制机制等方面还存在一定差距，留学人才如果在美国能得到教职、有稳定的发展，选择回国是一个很艰难的决定。此外，在生活舒适度、子女教育等方面，也与美国等发达国家存在差距。

（3）C科研机构

截至2022年10月1日，C科研机构共有科研人员几百名，海外人才占比9.2%，海外人才占比不到10%，对海外人才的引进力度还需进一步加强。

（4）D企业

从学历背景来看，D企业现有员工10%以上为博士，70%以上为硕士，本科生占比逐年降低。拥有海外背景的员工约占员工总数的9%。有海外背景的员工中博士约比占13%，硕士占比约85%，本科生人数较少。从应、往届分布来看，应届留学生约占56%。从留学国家的分布来看，美国最多，其次为英国、澳大利亚、新加坡和德国等。从近三年最新的招聘数据来看，2021年招聘留学生占比已达28%，超过一半来自QS50院校（如表8-1所示）。留学生在员工中的占比快速上升，且留学生中来自QS50院校的人数占比也逐年增加，这都表明用人单位对留学生的需求在迅速增长，且对高质量留学生的需求也在增加。

表8-1　D企业近三年留学生招聘情况（2019—2021）

年份	留学生占比	留学生中QS50占比
2021年	28.1%	57.2%
2020年	14.7%	47.4%
2019年	9.2%	43.1%
总计	17.4%	51.9%

与无海外学习或工作背景的员工相比，具有海外背景的博士工作绩效优于国内博士，具有海外背景的硕士工作绩效与国内硕士无明显差异，具有海外背景的学士工作绩效低于国内，原因在于出国较早，在国外的思想观念转变较大，归国后融入国内工作环境较慢。总体上，海外留学生个体差异较大，工作绩效方差明显大于国内。

2. 新形势下留学人才回国就业创业意愿

新形势下留学人才回国就业创业意愿呈现出新的特点。从价值观角度，当代年轻人有更加浓厚的家国情怀，对国家的认可度和归属感更强。通过留学，从国外获取更多的信息后，对国内外的实际情况认知更加清晰，也更加自信，留学生回国服务的意愿较强。此外留学生更加重视家庭因素，例如独生子女因考虑父母养老等现实问题而选择回国。90后和00后的新一代青年留学人才的主要诉求不在收入层面，而是更多考虑社会地位、工作稳定性等因素，在央企、高校、科研院所等性质单位的就业意愿高，在民企就业以及创业的意愿相对较低。从疫情影响角度，与国外相比，国内疫情防控政策取得的成效更好，经济恢复较快，安全性更高，留学人才对归国就业创业整体环境的综合评价更高。从市场需求角度，国内用人单位重视留学人才引进，积极地通过全球面试招聘等多种渠道吸引留学人才回国，薪酬待遇能够做到与国际接轨。

整体来看，由于疫情的影响，国内外疫情防控形势不同，

2020和2021年留学人才回国就业创业意愿升高。2022年以来，以美国为例，受疫情等方面因素的影响，留学人才回国参与线下学术交流存在障碍。随着国外逐步放开疫情防控政策，前两年因为疫情影响而收紧的招聘岗位逐步释放出来，工作机会增多。而与此同时，国内高校的空缺位置变少，多重因素叠加造成留学人才尤其是青年留学人才回国就业创业意愿降低。

（三）留学人才回国就业创业面临的问题和挑战

1. 政府相关部门层面的问题和挑战

（1）回国就业方面

留学人才回国就业信息宣传、求职技能培训和就业帮扶尚不充分。国内招聘季与留学生毕业季存在错位，导致针对留学生的国内招聘机会较少。国内用人单位招聘期基本与国内高校毕业季一致，为每年3—9月，而大多数留学生业毕业时间为每年9—12月，目前仅有少数用人单位在海外开设招聘环节，因此从距离、资源和成本等角度，留学生获得的招聘机会少于本土毕业生。政府相关部门缺乏对留学人才回国就业政策和招聘信息的有效宣传，针对留学生毕业季设置的招聘会数量还有待提升，针对留学生的求职技能培训和就业帮扶尚不充分，因而未能有效满足留学生的求职需求。

留学生大众化、能力参差不齐，留学生的光环不再。近些年留学生大众化、低龄化、多元化比较明显，能力参差不齐，导致很多用人单位对聘用留学生存有一定疑虑。此外，留学生的薪酬预期与实际还存在一定差距。相关部门缺少对不同层次留学人员就业观念的有效引导，以及对企业等市场主体转变海外引才、用才导向的激励。

（2）回国创业方面

创业资金保障力度和措施较为有限。一是在商业融资层面，由于我国资本市场仍相对单一，国内融资渠道复杂、不成熟，社会信用体系尚不健全，再加上留学人才缺少担保机构的保证，因而面临着商业银行贷款难、民间融资难、国内风险投资难的局面。二是留学人才长期在境外生活，对国内创业资金政策了解甚少、消息不灵通，远不如国内毕业生，因而归国创业面临的融资难问题比国内毕业生更为严重。绝大部分留学回国人才创业选择高技术行业，前期资金投入需求大，政府相关部门的支持资金仍是杯水车薪，且过度的扶持会使政府财政支出不堪重负。

创业政策有待进一步完善。一是吸引海外留学人才回国创业的政策协调机制不够顺畅。在开展吸引海外留学人才回国创业工作时，国内欠缺沟通协调机制，难以形成合力，在实际操作中出现行政程序繁杂、处理时间延长等种种问题。二是一些地方把引进海外人才重引进而轻使用，重点关心项目前景和科研成果，对已引进的人才如何使用、如何用好关注不够。三是目前缺乏支持留学人才创业企业发展的配套文件，以及专门的政策执行机构。

如税务、金融等部门尚未及时出台扶持政策的配套办法，导致留学人才创业中涉及的税收返还、金融及金融担保等政策暂时无法跟进落实。

创业服务体系尚需进一步健全。首先，创业园存在一定的结构性缺陷。导致政策执行落实难，服务水平跟不上，实际工作效率较为低下，部分创业园实际上仅仅充当了物业管理公司的角色，个别创业园还采取简单的房租补贴形式，只考虑硬件设施而忽视软件设施优化，缺乏高素质员工为园内企业提供如管理咨询、技术指导和投融资等深层次服务。此外，留学创业服务体系存在不平衡的现象，相比创业园内的服务，出园后社会服务更加缺失。

2. 市场主体层面的困难和挑战

市场主体是留学人才回国就业的主要需求方，市场主体能否顺利引进和有效利用留学人才，决定了留学人才回国就业的基本状况。就具体调研单位而言，2018年以来，几家调研单位在留学人才引进和使用方面存在的困难和挑战分别为：

（1）A高校

希望更快更好的解决优秀人才回国工作的后顾之忧，在全球人才竞争中发挥好国家政策引领和保障的重要作用。

（2）B研究所

全球疫情发展影响留学人才归国就业意愿。主要原因在于，一是国外放开防控政策；二是科研岗位的招聘周期并不长，前两年空缺的招聘岗位，今年都释放出来了，国外工作机会也很多；

三是海外的学术交流自由度较高，学者更习惯线下面对面交流，而非线上交流；四是国内其他高校的空缺位置变少。

（3）C科研机构

C科研机构在留学人才引进中过程遇到的挑战体现在四个方面。一是应届毕业的青年科研人才与单位亟须建立能够与海外人才对接的交流平台。二是单位海外人才引进的数量较少。后期需发挥不同层次人才的优势资源协助人才引进工作的顺利展开，创新对外联络的渠道。三是国内人力资源机构的人才推荐不够精准。四是人才薪酬体制还应重点突破，为优秀应届毕业生提供有吸引力的薪酬，从而有利于留住人才。

（4）D企业

外部环境变化对D企业留学生使用和保留带来挑战。此外，留学生稳定性相对较低。留学生离职率整体高于国内毕业生，其中海外博士的离职率较低，本科和硕士学历均高于国内。"90后"和"00后"海外留学人才的普遍特征是家庭条件比较好，对物质激励不敏感，对工作的意义感和价值感要求较高，思维活跃，就业稳定性较低，离职率整体高于国内。这一现象在本科和硕士留学人才中表现更加突出。此外，留学人才绩效方差明显大于国内人才，部分留学人才价值观比较自由和西化，融入国内环境较慢，一定程度上影响了市场主体对留学人才的有效利用。友商在人才引进方面对本企业形成强烈竞争，如上海人才吸引政策远超于北京。在薪资方面面临来自大企业的激烈竞争，此外，事业单位和国企在解决留学生落户方面的竞争力、吸引力更强。

3. 留学人才层面的困难和挑战

（1）回国就业方面

通过对调研单位留学人才的调研和访谈发现，2018年以来，留学人才回国就业存在的困难主要体现在：

对B研究所而言，部分国家对我国学生申请出国读博、开展博士后研究审核更加严格，且签证遭拒或者进度延缓概率较大。青年留学人才薪酬体系需要重点突破，由于引才对象以青年人才为主，在人才薪酬体制方面需要重点突破，为优秀应届毕业生提供有吸引力的薪酬，否则不利于留住人才。

留学人才回国后入职C科研机构工作遇到的困难和困惑体现在两个方面。一是国内外科研成果要求差异较大。例如日本、德国、丹麦等国对博士毕业的论文发表及其影响因子不做要求，导致海外留学人才回国就业后在科研考核等方面缺乏竞争优势；二是国内外职称评定体系和考核指标不同。海外人才回国后需从头开始参与职称评定，在职称申请和材料的准备时间上落后于国内人才。

由于北京生活成本较高，导致D企业已入职的留学人才流失较多。此外，D企业在北京地区引进的留学人才面临的现实情况是高端团队做不大，引进的优秀留学人才要长期去深圳、杭州出差开展合作研究，中低端团队则因生活压力大而流向二线城市。最终造成留学人才团队出现被迫高端化的局面，与基层实践脱轨，无法将成果进行转化。

（2）回国创业方面

留学人才面临文化差异。留学回国创业往往面临"水土不服"的困境，文化与观念的冲突问题日益凸显。部分留学人才回国后对国内政策不够了解，对国内的人文、市场环境不熟悉，对国内商业规则不太适应，对于处理与国内政府相关部门以及合作伙伴的关系缺乏经验，且相对缺乏国内的人脉资源，因而在回国创业时更易受挫。

留学人才面临心理适应问题。大部分海外留学回国创业者期望值过高，创业初期面临的挫折较多，往往存在心理难以适应的问题。在某个专业领域取得优秀学习成绩和科研成果的留学人才，可能会因为不了解国内创业大环境和创业细节操作而在创业时遭遇挫折，特别是在创业过程中面临质疑、研发进展不达预期、资金不足、管理不善等问题的时候，留学人才很容易遭受打击、丧失信心。

留学人才创新管理能力较弱。创业是对综合能力的"考核"，进行创业需要留学人员具备创业知识和相关管理、专业技术，但部分留学人员具备专业理论知识，缺乏实践经验，尤其是运营管理经验，对公司的产品销售、管理、财务以及资本运营等创业操作细节了解不够深入，最终造成创业失败。

留学人才无法充分利用国内外资源。留学人员回国创业过程中对自身的资源挖掘不够充分，"双元化"效用发挥不明显。"双元化"最重要的是国内外双重社会网络的构建，充分利用这一优势，可以在短期内迅速找到国内外双重市场的突破点。但受限于地域、经济、文化和自身等多方因素的制约，对国内外资源往往不能尽其所用，出现人才回国后无法快速建立高效团队延续和支撑国外前沿研究，孤军奋战一段时间后，错失在该领域的研发或应用领先世界水平的良好机遇。

（3）服务保障方面

在服务保障方面，留学回国人才相关配套服务措施不健全，给海外留学人才带来后顾之忧。一方面，目前留学人才回国的工资待遇仍难与国际接轨，导致其回国就业和创业后收入出现缩水，影响人才对回国发展的预期。另一方面，在落户、住房保障和子女教育等生活保障方面均有所欠缺。从落户来看，留学人才来京落户受到限制，高端海外人才自身及其直系亲属落户存在困难。从住房保障来看，特大城市房价一直居高不下，与国际相比，过高的住房成本降低了留学人才回国就业和创业的满意度。从子女教育来看，留学人才在子女入学、参加高考等方面存在不便之处。尤其是已加入外籍的留学人才，回国后缺乏身份识别的有效途径，不利于日常生活和国内交通出行。这些问题虽然琐碎，但都直接影响着留学人才的正常工作和生活，也直接影响其回国就业和创业的意愿。

（四）促进留学人才回国就业创业的政策建议

《中华人民共和国国民经济和社会发展第十四个五年规划和2035年远景目标纲要》提出，要深入实施人才强国战略，实行更加开放的人才政策，构筑集聚国内外优秀人才的科研创新高地。在2021年9月召开的中央人才工作会议上，习近平总书记提出深入实施新时代人才强国战略，加快建设世界重要人才中心和创新高地，这是新时代我国出国留学工作的遵循。针对我国留学人员新形势下回国就业创业现状及面临的问题和挑战，提出相关对策建议如下：

1. 围绕国家重大战略和高校建设推动引进高层次留学人才

立足全球视野，围绕国家发展进行重点引才。依托综合性国家科学中心和区域性创新高地建设，积极应对，在危机中预先机，围绕实体经济发展，聚焦战略性新兴产业升级，重点解决技术人才短缺问题，重点引进云计算、大数据、生命健康、文化创意、金融科技等新兴产业的海外留学人才和创新创业团队。

协助高校留学人才引进工作，为高校师资建设提供国际化人才保障，全方位谋划基础学科人才培养。

2. 发展创新国家留学人才就业服务平台

持续发挥"国家留学人才就业服务平台"作用，打造面向全球、专为留学人才提供人力资源服务的综合平台。大力发挥留学人员实习基地等项目作用，继续实施并不断优化高层次留学人才回国资助项目、留学人员回国创业启动支持计划、海外赤子为国服务行动计划以及春晖计划，支持中国海归创业联盟发挥创业人才集聚作用，鼓励留学人才回国发展。

搭建高水平就业、创业智慧服务集成式平台。利用互联网、大数据等新技术，打造全国首个贯穿留学前、在国外和归国后全程、覆盖就业创业全领域、线上线下相结合的一站式、全方位、立体化留学回国人才就业创业公益智慧服务集成平台，汇聚全国主要城市创新创业服务主体，由地方主管部门、投融资机构、留创园+科技园、创业服务机构、引才机构等为留学人才回国就业创业提供深度和优质服务，实现全国主要城市政策信息及时发布、动态更新。

3. 创新引进留学人才方式方法

引才方式要走出去和引进来相结合，借助互联网技术，利用数字化技术，创新引才方式方法途径，改革考核评价制度，从现场办公到"云端办公"，以灵活多样的方式引导留学人才参与我国经济社会各项事业。

4.加大对留学人才引进的服务力度

贯彻落实好科研启动基金有关工作，继续打造好"留学英才招聘会暨高端人才洽谈会"金字招牌。持续发挥"国家留学人才就业服务平台"作用。打造面向全球、专为留学人才提供人力资源服务的综合平台。大力发挥留学人员实习基地等项目作用，继续实施并不断优化高层次留学人才回国资助项目、留学人员回国创业启动支持计划、海外赤子为国服务行动计划以及春晖计划，支持中国海归创业联盟发挥创业人才集聚作用，鼓励留学人才回国发展。

5.为留学回国人才提供有竞争力的待遇

国内科研院所引进留学人才需要在薪酬体制和生活保障条件方面进行重点突破，为海外优秀留学人才提供有吸引力的薪酬和福利，留住人才。

进一步落实留学回国人才尤其是已加入外籍留学人才的服务保障工作。在签证、落户手续办理、申报科研基金、购房购车摇号、医疗保障、子女回国就学等方面落实待遇政策。